MEMOIRES

POUR SERVIR

A L'HISTOIRE

DE LOÜIS XIV.

PAR FEU

M. L'ABBÉ DE CHOISY,

DE L'ACADEMIE FRANÇOISE.

TOME PREMIER.

A UTRECHT,

Chez VAN-DE-WATER.

MDCC XXVII.

PREFACE.

LA malignité ou la flatterie conduisent necessairement la plume de ceux qui écrivent l'Histoire d'un Prince pendant sa vie, ou aussi-tôt après sa mort, que les motifs de haine & de crainte sont encore récens. Et d'ailleurs, comment penetrer dans les secrets de l'Etat, en un tems où il est si important d'en derober la connoissance à l'Etranger, quelquefois même au Sujet ? Il est cependant impossible qu'un Historien ignorant ou partial puisse faire un ouvrage utile, & rempli de ces grands traits de verité, de ces détails de négociations, de ces portraits naïfs & fidéles des mœurs du siecle, sans quoi l'Histoire la mieux écrite, la plus parfaitement difposée n'aura jamais que le merite du Roman.

Si ces principes font vrais, comme on n'en fçauroit douter, quelle opinion peut-on avoir de tous les Livres qui ont paru juſqu'ici fous le titre fpécieux *d'Hiſtoire de Loüis XIV.* Ceux qui l'ont écrite, dans le tems que toute l'Europe retentiſſoit de la gloire de ce Prince, ont plûtôt fait des Panegyriques qu'un recit exact des évenemens de fon Regne. Depuis fa mort méme, l'un de fes Hiftoriens n'a fait qu'orner les Gazettes de quelques fleurs de Rhetorique, & l'on s'aperçoit aifément que fans des bien-féances d'état, qui ne lui permettoient pas d'aprouver les violences dont on avoit ufé envers fes freres, il n'auroit jamais quitté le ton flateur. On n'a pas méme trouvé dans ce dernier ouvrage de M. de Larrey, les graces du stile qui avoient mis à la mode son Histoire d'Angleterre, & qui l'ont soutenuë dans quelque sorte de réputation, jusqu'à ce que celle de M. Rapin-Thoiras ait ouvert les yeux du Public, qui préferera toûjours une Histoire pleine de sens & de liberté, à une informe Rhapsodie, qui n'aura d'autre prix que d'être écrite avec élegance.

Au moins une Histoire où l'Auteur sacrifie la verité à des motifs purement humains, est rarement une Histoire dangereuse ; & l'on n'en voit pas qui ait produit d'autre effet que de dès - honorer l'Historien, sans que le merite du Heros en ait imposé à la posterité. Mais il n'en est pas ainsi d'une Histoire satyrique. La malignité naturelle lui donne toûjours quelque vogue, & la plûpart des Lecteurs charmez, ne refusent gueres leur approbation à un homme qui les délivre de la cruelle neceſſité d'applaudir à des qualitez brillantes, dont l'éclat les bleſſe.

Je ne crois pas qu'il faille chercher ailleurs la cauſe du bruit qu'a fait *l'Hiſtoire de Loüis XIII.* par le Vaſſor, & celle de *Loüis XIV.* par M. de Limiers. Ce n'eſt pas que je veüille comparer ces deux Auteurs, dont le premier entendoit au moins ſa matiere, & l'eût bien traitée ſans les préjugez de Religion ; au lieu que ſon ſucceſſeur ne connoiſſoit que le nom de *Loüis XIV.* lorſqu'il entreprit ſon Hiſtoire. Auſſi ne l'a-t il compoſée qu'à laide de quelques Gazettes, & du plus grand nombre de Libelles qu'il a recouvrez. Sans choix, ſans ménagement, ſans preuves, il a compilé tout ce qui a jamais paru de plus odieux contre la gloire de *Loüis XIV.* & de ceux qui

ent eu le plus de part à sa confiance. Peut-être pourtant que
tant de traits flétriſſans mis bout
à bout auroient acquis quelque
autorité, ſi l'art de les mettre en
œuvre eut égalé dans l'Auteur
l'avidité à les recüeillir. Heureu-
ſement, le piege eſt groſſier, & il
n'y a que les ennemis de la France qui puiſſent y être trompez.

Sera-t-il donc défendu d'inſtrui-
re la poſterité & des foibleſſes
des Rois, & des fautes de leurs
Miniſtres ! Non ſans doute, & la
crainte bien fondée que l'on a
euë que Meſſieurs Peliſſon, Racine, & Deſpreaux ne couvriſſent
d'un voile épais les défauts de
Loüis XIV. & ceux de ſes favoris,
empêche que l'on ne regrete leur
Hiſtoire, qui d'ailleurs auroit été
un chef-d'œuvre, & à laquelle,
ſelon toutes les apparences, on
n'auroit pû reprocher que les dé-
guiſemens ordinaires à ceux qui

tranfmettent à la pofterité les actions de leurs Bienfaiteurs.

Mais l'amour de la verité n'exclut pas le refpect envers les Puiffances, & fur tout il profcrit l'aigreur : ménagement délicat, milieu prefque impoffible à tenir dans la compofition d'une Hiftoire, à moins que celui qui en eft l'objet, ne foit plus en état de récompenfer ou de punir. Alors un Auteur n'ayant aucune animofité, aucune efperance, il raconte hardiment, mais fans fiel, ce qu'il y a eu de trop humain dans le caractere de fon Heros ; il peint avec force, il expofe avec plaifir fes vertus.

J'ajoûterai que l'on n'a gueres de bons Memoires fur le regne d'un Prince qu'après fa mort. Les particuliers ne voyent aucun inconvenient à communiquer les manufcrits qu'ils confervent dans leurs cabinets ; ils deviennent enfin public, & un homme habile découvre bien-tôt la verité, en comparant avec foin ces divers morceaux.

Combien en a-t-il paru depuis M. D C C. X V. qui répandent un grand jour fur le Regne de *Loüis XIV.* qui n'a pas lu les Memoires de Retz, de Joli, de Nemours, de Gourville ? Tous ces Ecrivains, témoins oculaires de la plûpart des faits dont ils parlent, nous ont laiffé des materiaux précieux, qu'il eft à fouhaiter qu'une bonne main mette en œuvre. Avec le fecours que l'on peut tirer de ces livres & de quelques autres, tant imprimez que manufcrits, il eft aifé d'écrire dès à prefent l'Hiftoire de la Minorité.

Il eft vrai que la fuite du Regne du feu Roi n'eft pas encore fi connuë; mais c'eft l'affaire d'un petit nombre d'années, d'en apprendre davantage,& il faut croire qu'on ne laiſſera pas perir un grand nombre de négociations importantes , & de rélations originales , où elle eſt fidélement conſervée : tels ſont les Memoires de Mademoiſelle de Montpenſier , ceux de M. le Duc de Lauzun, les depéches de M. d'Avaux, les Lettres du Cardinal de Janſon, & tant d'autres Manuſcrits qui ſont communs dans les bons Cabinets de Paris.

En attendant que l'on mette au jour des morceaux ſi curieux, nous croyons que le Public nous ſçaura gré des Memoires que nous lui communiquons aujourd'hui. M. l'Abbé de Choiſy les avoit faits pour ſa ſatisfaction particuliere, & ne croyoit pas autrement qu'ils dûſſent jamais être imprimez : de ſorte qu'il y a laiſſé bien des négligences de ſtile , & quelques repetitions qu'il au-

roit fans doute rectifiée , s'il eût
prévû ce qui arrive. Mais ce que
l'on perd de ce côté-là , on en eft
bien dédommagé par les traits
vifs & hardis dont il a étoffé des
Memoires qu'il écrivoit pour fon
feul ufage , & qu'il eût peut-etre
facrifiez à la crainte de déplaire
aux Courtifans qu'il intereffent.

Ce qui fera le plus de plaifir
aux Lecteurs qui fçavent penfer,
ce font les particularitez que M.
l'Abbé de Choify rapporte fur la
Perfonne du feu Roi. Elles dé-
velopent parfaitement toute la
grandeur d'ame de ce Prince , &
montrent que ce qu'il y a eu de
repréhenfible dans fon Gouvernement & dans fa conduite , doit
être en grande partie attribué
aux vûës fecrettes de fes Miniftres, & aux flatteries de fes Courtifans. Pour lui, il a toûjours voulu le bien de fon Peuple , il n'a-
voit point d'autre but dans les dé-

marches même qui ont causé le
plus de dommage au Royaume.

C'est ce que M. l'Abbé de Choify dévelope en bon François, qui
aime fon Prince, & qui fent à
quel degré de fplendeur le feu
Roi avoit porté fon Etat. Il ne
faut pas croire pourtant qu'il ait
écrit un froid Panégyrique : il dit
la verité, & nous croyons ne pouvoir mieux caracterifer fes Memoires, qu'en difant qu'il loüe
fouvent L o ü i s XIV. qu'il le
blâme quelquefois, & qu'il peint
ordinairement les Miniftres & les
Favoris avec ces traits délicats &
malins qui coulent fans peine de
la plume d'un homme qui vit à la
Cour, & qui en a pris le ftile.

MEMOIRES

POUR SERVIR

A

L'HISTOIRE

DE

LOÜIS XIV.

LIVRE PREMIER.

E n'eſt point un vain deſir de gloire hiſtorique qui me met la plume à la main. Je n'at- tens de mon Ouvrage ni honneur, ni profit ; j'écris pour ma propre ſatisfaction, ou ſi vous voulez des idées plus hautes & des motifs plus

nobles , je regarde uniquement l'inftruction du prochain ; & crois que
l'hiftoire eft la meilleure & la plus fûre
maniere d'apprendre aux Princes de la
terre des veritez quelquefois dures ,
qu'on n'oferoit leur dire autrement. Ils
voyent dans ce miroir des chofes paf-
fées , que la verité developpe toutes
entieres, que les plus puiffans Rois n'y
font pas plus épargnez que les moindres
de leurs Sujets ; & que fi on y celebre
leurs vertus ; leurs vices , & même leurs
moindres défauts n'y font pas oubliez.
Ces exemples peuvent les toucher, &
lorfqu'ils remarquent la maniere libre &
hardie dont les Hiftoriens traitent les
plus grands Princes , quand ils font
morts , ils doivent s'attendre , que
quand on ne les craindra plus , ils n'y
feront pas traitez plus favorablement ,
s'ils y donnent lieu par des actions in-
dignes d'eux. Cela me fait fouvenir que
pendant que je travaillois à l'Hiftoire de
Charles V I. M. le Duc de Bourgogne ,
à peine forti de l'enfance , me dit un
jour ces paroles : *Comment vous y pren-
drez-vous pour dire que ce Roi étoit fou ?
Monfeigneur* , lui répondis-je fans hefi-
ter , *je dirai qu'il étoit fou. La feule*

vertu distingue les hommes dès qu'ils sont morts. M. le Duc de Beauvilliers , qui passe dans le monde pour un homme de bien, & pour avoir l'esprit droit, m'a dit plusieurs fois , qu'en insinuant, comme je fais dans mes Histoires , des maximes de Religion, de pieté , de tendresse pour le peuple ; & les écrivant d'une maniere qui force à lire les moins adonnez à la lecture, (prenez garde au moins que c'est M. de Beauvilliers qui parle,) je faisois un plus grand bien, & rendois à Dieu un service plus agréable, qu'en faisant douze Millions. *Il y a ,* me disoit-il , *beaucoup de gens propres à faire le Catechisme , & fort peu, ou presque point ,de capables de faire des Livres qui se fassent lire.* Il me dit aussi que M. le Duc de Bourgogne avoit lû quatre fois l'Histoire de Charles V. Quel bonheur pour la France , & quelle consolation interieure pour un pauvre Auteur , de penser qu'un si grand Prince pourra peut-être , dans la suite de sa vie , mettre à profit l'exemple d'un Roi si sage ?

Après ce préambule , dont je me serois peut-être bien passé , il faut annoncer mon dessein , que je crois assez

étendu pour y employer le reste de mes
jours. J'entreprens d'écrire des Memoires sur la plus belle de toutes les Vies,
la plus remplie d'évenemens extraordinaires, la plus digne de passer à la posterité. On n'y verra que Villes prises, Ba-
tailles gagnées, Etats conquis, & toutes
les horreurs de la Guerre suivies plus
d'une fois de la Paix, mere de l'abondance & des plaisirs ; & pour tout dire
en peu de paroles, j'entreprens d'écrire la Vie de Louis Quatorze Roi
de France, à qui ses Peuples ont
donné le surnom de GRAND, nom
glorieux, que ses vertus & ses actions
lui ont acquis avec justice ; & que l'é-
quitable avenir lui confirmera, si ses
grandes destinées se soutiennent jusqu'à
la fin, & qu'après avoir fait la gloire
de ses Sujets, il en puisse faire le bonheur.

Au reste, mon dessein n'est pas d'é-
crire la grande Histoire de son Regne,
je ne sçai point aller sur le marché des
autres : & puisque deux beaux Esprits
* connus & admirez dans le monde,
l'un pour ses Tragedies, & l'autre pour
ses Satyres, sont chargez d'un si grand

* M. Racine, & M. Despreaux.

travail,

travail , je me fais juſtice ; & ſuis per-
ſuadé qu'ils nous donneront une Hiſtoire meilleure que celle que je pourrois faire : d'autant plus qu'ils ont en
main tous les Mémoires les plus ſecrets ,
& qu'ils y travaillent depuis quinze ans.
Je ne m'attache donc qu'aux particularitez de la Vie du Roi : je tâcherai
de le ſuivre dans ſes Conſeils avec ſes
Miniſtres , dans ſon Cabinet avec ſes
Amis. En dépoüillant le faſte de la
Royauté , il eſt plus aimable , & n'eſt
peut-être pas moins grand qu'à la tête
de ſes Armées. Je ne le perdrai point
de vûë dans ſes jeux , dans ſes plaiſirs ,
dans ſes exercices les plus communs ;
& je ne laiſſerai rien perdre de tout ce
qui échapera de ſon eſprit & de ſon
cœur , ſans pourtant négliger ſes actions
de Héros : mais je ne ferai point une
Gazette , & ne marquerai exactement
que ce qu'il a fait en perſonne. On le
verra dans la tranchée de Lille atti-
rer par ſon courage cette belle parole d'un Soldat , qui le voyant expoſé
aux coups de mouſquet , & un Page
de la grande Ecurie tué derriere lui ,
le prit rudement par le bras en lui di-
ſant : *Oſez vous , eſt-ce là vôtre place* ?

Il eſt vrai que ſon courage penſa ſe
laiſſer aller aux continuelles inſtances
de ſes Courtiſans empreſſez & flateurs.
Le vieux Charoſt qui étoit alors Capitaine des Gardes du Corps en quartier, lui ôta de deſſus la tête ſon chapeau & ſon bouquet de plumes, & lui
donna le ſien ; mais le voyant un
moment après un peu incertain de ce
qu'il avoit à faire, il lui dit à l'oreille :
Il eſt tiré, Sire, il le faut boire. Le Roi
le crut, demeura dans la tranchée,
& lui en ſçut tant de gré, que dès
le même ſoir il rappella à la Cour le
Marquis de Charoſt qui étoit exilé je
ne ſçai où. Mais à propos du Siege de
Lille, le Comte de Brouai en étoit
Gouverneur pour le Roi d'Eſpagne ;
& tous les matins il envoyoit de la
glace au Roi, parce qu'il avoit appris
qu'il n'y en avoit point dans le Camp.
Un jour le Roi dit au Gentilhomme
qui venoit de ſa part : Je vous prie
dites à Monſieur le Comte de Brouai
que je lui ſuis bien obligé de ſa glace ;
mais qu'il m'en devroit envoyer un
peu davantage. Sire, repartit l'Eſpagnol ſans héſiter : Il croit que le Siege
ſera long, & craint qu'elle ne vienne

à lui manquer. Il fit aussi-tôt une re-
verence & s'en alla. Mais le vieux
Charost, qui étoit derriere le Roi, lui
cria tout haut : *Dites à Monsieur de
Brouai qu'il n'aille pas faire comme le
Gouverneur de Doüai, qui s'est rendu comme un coquin.* Le Roi se retourna , &
lui dit en riant : Charost , êtes-vous
fou ? Comment, Sire , repliqua-t-il , le
Comte de Brouai est mon cousin. Enfin on verra le Roi ceder à peine aux
instances de M. de Turenne , qui le
menaça bien serieusement de quitter
l'Armée , s'il continuoit de venir à la
tranchée sur un grand cheval blanc ,
avec un plumet blanc ; comme pour
se faire mieux remarquer ; dans le même-tems qu'il avoit répondu aux Af-
siegez que son quartier étoit par tout ;
ne voulant pas que le respect les em-
pêchât de tirer. Je le suivrai à la Campagne de Hollande , à Mastricht, à Valenciennes , à Cambrai , à Mons, à
Namur , & par tout où sa presence
s'est bien fait sentir à ses ennemis. Je
n'oublierai , s'il m'est possible , aucune
de ses vertus ; mais aussi je n'oublierai
pas ses défauts. Pétri du même limon
que Cesar & Alexandre , il aura ses

foiblesses aussi-bien qu'eux , & quelquefois le Heros laissera paroître l'homme.

Et qu'on n'aille pas s'imaginer que
ce ne sont que des paroles , & que je
n'oserois faire ce que je promets avec
tant de hardiesse , pour ne pas dire d'insolence. Je déclare d'abord que ce que
je vais écrire demeurera pendant ma
vie dans l'obscurité de mon Cabinet.
Comment oserois-je parler librement
du Prince & de ses Ministres ? Le pas seroit glissant ; & si je me fais des affaires avec eux , ou avec leurs enfans , ce
ne sera du moins qu'après avoir pris mes
mesures pour une séparation éternelle ;
ainsi malgré la flaterie , vice dominant
de tous les siécles , je mettrai sur le papier tout ce que je sçaurai de plus secret
& de plus vrai , & je me vante d'en sçavoir beaucoup.

J'avois près de dix-sept ans à la mort
du Cardinal Mazarin ; & par l'éducation qu'on m'avoit donné , j'étois
mieux instruit des affaires qu'on ne
l'est ordinairement à cet âge-là. Ma
Mere , qui étoit de la Maison de Hu-
rault de l'Hôpital , me disoit souvent :
Ecoutez mon fils, ne soyez point glorieux,

& songez que vous n'êtes qu'un Bourgeois ; je sçai bien que vos Peres, que vos grands Peres ont été Maîtres des Requêtes, Conseillers d'Etat ; mais apprenez de moi qu'en France on ne reconnoît de noblesse que celle d'Epée. La Nation guerriere a mis la gloire dans les armes. Or, mon fils, pour n'être point glorieux, ne voyez jamais que des gens de qualité. Allez passer l'après dinée avec les petits de Lesdiguieres, le Marquis de Villeroy, le Comte de Guiche, Louvigny ; vous vous accoûtumerez de bonne heure à la complaisance, & il vous en restera toute vôtre vie un air de civilité qui vous fera aimer de tout le monde. Elle me faisoit pratiquer ces leçons ; & il est arrivé qu'à la réserve de mes parens qu'il faut bien voir malgré qu'on en ait, je ne vois pas un homme de Robbe ; il faut que je passe ma vie à la Cour, avec mes Amis ou dans mon Cabinet avec mes Livres.

J'avois donc assez d'âge & de connoissance à la mort du Cardinal Mazarin pour remarquer toutes choses. Ma Mere, plus par son esprit, que par l'état de sa fortune, étoit fort avant dans les secrets de la Cour : la Reine

Anne d'Autriche l'avoit fort aimée ; &
le Roi lui-même la diſtinguoit de toutes
les femmes de ſon âge par ſes bienfaits
& par des marques de ſon amitié, juſqu'à lui donner des audiences réglées
toutes les ſemaines. J'étois le dernier
de ſes enfans, & par conſéquent le
plus aimé ; à l'âge de dix ans elle me
faiſoit écrire tous les matins deux ou
trois heures au chevet de ſon lit, &
toutes ſes Lettres parloient d'affaires
& de nouvelles ; elle avoit un commerce réglé avec la Reine de Pologne, Marie de Gonzague ; avec Madame Royale de Savoye, Chriſtine de
France ; avec la fameuſe Reine de Suede, & avec pluſieurs Princeſſes d'Allemagne, qui toutes l'honoroient d'une
amitié particuliere : & par là j'ai été
initié de bonne heure aux myſteres de
la Politique.

Au reſte j'avertis le Lecteur, qu'en
écrivant la Vie du Roi, j'écrirai auſſi
la mienne à meſure que je me ſou-
viendrai de ce qui m'eſt arrivé. Ce ſera
un beau contraſte, mais cela me ré-
jouira ; & je veux bien courre le riſ-
que qu'on diſe, *Il joint à tous propos*
les louanges d'un fat à celles d'un Héros.

Ce n'eſt pas que j'aye envie de me loüer, mais en parlant de ſoi , on y tombe ſans y penſer. Nos vertus nous paroiſſent plus grandes , & nos fautes plus legeres; & s'il m'arrive de mettre toutes les badineries de mon enfance , on ne les excuſera peut-être pas. On rira de me voir habillé en fille juſqu'à l'âge de dix-huit ans ; on n'excuſera pas ma Mere de l'avoir voulu. Le voyage de Bordeaux ne laiſſera pas de divertir. Enfin je ſuis réſolu de laiſſer courir ma plume tant qu'elle voudra ; & pour dire des choſes aſſez nouvelles & aſſez plaiſantes , je n'aurai qu'à dire ſimplement ce qui m'eſt arrivé. Une Dame qui a tout l'eſprit du monde , a dit que j'avois vêcu trois ou quatre vies differentes , homme , femme , toûjours dans les extrêmitez ; abîmé ou dans l'étude , ou dans les bagatelles ; eſtimable par un courage qui mene au bout du monde , mépriſable par une coqueterie de petite fille ; & dans ces états differens toûjours gouverné par le plaiſir.

Quand le Roi en 1661. prit la conduite de ſes affaires j'avois des yeux , & j'eus de l'attention comme toute l'Eu-

rope ; mais je fus moins surpris qu'un
autre. Ma Mere , qui le connoissoit à
fond , m'avoit dit cent fois que c'étoit
un génie extraordinaire , & que son
cœur faisoit tort à son esprit dans la
reconnoissance sans mesure qu'il té-
moignoit au Cardinal Mazarin. Il
croyoit lui avoir les dernieres obligations , & le voyant prêt à mourir , il
ne pouvoit se résoudre à lui donner du
chagrin ; & peut-être la mort , en lui
ôtant le pouvoir absolu. La suite a
bien fait connoître que ma Mere ne
se trompoit pas , & que ce Prince si
doux & si endurant jusqu'à l'âge de
vingt deux ans , étoit le plus habile &
le plus fier de tous les hommes. Je l'ai
suivi à plusieurs de ses campagnes. Ma
profession me dispensoit de faire la
guerre , mon inclination me portoit
au moins à la voir ; j'ai vû par moi-
même la plûpart des merveilles de nôtre siécle ; j'étois au Passage du Rhin ,
& à la conquête des quatre Provinces
Hollandoises. Le Cardinal de Bouil-
lon mon ami particulier depuis l'enfance m'avoit donné une place dans
son carosse ; j'aurai bien des choses à
dire de lui dans la suite de ces Mémoires,

moires , & je ne l'épargnerai pas plus qu'un autre : je l'aime , mais j'aime encore mieux la verité. Il a fait un grand perſonnage , & il eſt bon de le faire connoître tel qu'il eſt. Jamais jeune homme n'entra dans le monde ſi agréablement : il étoit beau comme un Ange , beaucoup d'eſprit , de fineſſe & de vivacité , qui le menoit quelquefois au-delà du but. Dans l'enfance il paſſoit tous les autres écoliers dans ſes études , & ſe diſtinguoit par une vie exemplaire. Il commença à faire parler de lui par une querelle qu'il eut au College avec l'Abbé d'Harcourt , qu'il ſoutint vigoureuſement. On le nommoit alors le Duc d'Albret. Le lendemain ma Mere me demanda ſi je l'avois été voir , je lui dis que non , & que l'Abbé d'Harcourt étoit de mes amis ; elle me penſa manger. Comment ! dit-elle , le neveu de M. de Turenne ; courez vîte chez lui, ou ſortez de chez moi. C'étoit une maîtreſſe femme ; j'y allai , & depuis ce jour-là j'ai toûjours été attaché à lui, j'ai ſçû la maniere dont il fut fait Cardinal.

Ce fut en 1668. il venoit de recevoir le Bonnet de la Maiſon & Societé de

Sorbonne ; il logeoit dans le Cloître
Nôtre-Dame. Il avoit si bien gagné l'estime & l'amitié du bon homme Perefixe
Archevêque de Paris , qu'il le vouloît
faire son Coadjuteur. Lorsque l'Abbé
le Tellier fils du Ministre fut declaré
Coadjuteur de Langres , le Duc d'Albret
aprit par une voye secrette , que non
content de Langres , l'Abbé le Tellier
alloit être Coadjuteur de Reims. Cette
nouvelle éveilla son ambition ; il l'alla
dire à M. de Turenne , qui vouloit en
aller parler au Roi pour l'empêcher.
Gardez-vous bien , Monsieur, lui dit le
Duc d'Albret , vous perdriez ma fortune : si le Roi met l'Abbé le Tellier dans
un des grands postes de l'Eglise de France , il ne pourra jamais me refuser la
Coadjutorerie de Paris , ou la nomination au Cardinalat. M. de Turenne
avoüa qu'il avoit raison , & ne dit mot ;
mais dès que l'Abbé le Tellier eut été
nommé Coadjuteur de Reims , il alla
voir M. l'Archevêque de Paris , qui l'as-
sura qu'il auroit la plus grande joye du
monde , si le Roi vouloit bien lui donner M. le Duc d'Albret pour son Coadjuteur. Il ne perdit point de tems , &
dès le soir même il demanda au Roi la

Coadjutorerie de Paris pour son neveu.
Le Roi qui se ressouvenoit des Guerres
Civiles & de la peine qu'un * Evêque
de Paris lui avoit fait, ne voulut point
mettre dans une place si importante un
homme si jeune & d'une si grande naissance : il refusa avec des promesses magnifiques pour toutes autres choses. M.
de Turenne lui demanda aussi-tôt la
nomination au Cardinalat, que Sa Majesté lui accorda, à condition que la chose demeureroit secrette. M. de Turenne
si fier dans un Combat, étoit fort timide dans le Cabinet ; il avoit eu besoin
de toute la vivacité du Duc d'Albret,
pour se résoudre de demander au Roi
ce qu'il obtint à la premiere parole. Il
avoit fait la pluye & le beau tems à la
Campagne de Lille ; mais depuis la Paix
sa faveur étoit fort baissée, & les Courtisans qui s'en étoient apperçûs n'étoient
plus dans son anti-chambre. Il arriva
quelques jours après que le nouveau
Coadjuteur de Rheims revenant de
Saint-Germain avec le Duc d'Albret,
lui dit en voyant les Tours de Nôtre-
Dame : Voilà deux Tours qui vous sieroient bien. Il avoit sçû par son Pere

* Le Cardinal de Retz.

que le Roi avoit refusé la Coadjutorerie
de Paris à M. de Turenne , mais il ne
sçavoit pas qu’il lui avoit accordé la
nomination au Cardinalat. Le Duc d’Albret qui se sentoit dans son cœur ample-
ment dédommagé , le remercia avec la
tendresse d’un vieux Courtisan. Cinq
mois après l’Abbé le Tellier fut sacré
Coadjuteur de Rheims avec une magnificence extraordinaire, & une si grande foule , que ce jour-là le Roi se trouva
presque seul à Saint-Germain. Il en témoigna quelque chagrin : le Duc d’Albret s’étoit trouvé à la ceremonie en habit simple de Docteur , & les nouvelles
à la main en firent mention. Cela fâcha
M. de Turenne , qui pour se dépiquer ,
alla prier le Roi de rendre publique la
nomination de son neveu au Cardinalat.
Le Roi qui se souvenoit des grandes
obligations qu’il lui avoit , & qui l’aimoit dans le fonds , n’osa le refuser. Il
fut fait véritablement Cardinal l’année
suivante.

Le Roi , à la priere du Pape avoit envoyé un grand secours à Candie , sous la
conduite de M. de Beaufort ; ce Prince
fut tué dans une sortie , & il en revint
peu de François. Le Pape pour consoler

le Roi en quelque façon , fit le Duc d'Albret Cardinal , quoiqu'il n'eût encore fait aucune promotion ni pour ses Créatures, ni pour les Têtes couronnées: & de peur de fâcher les Espagnols , il declara qu'il donneroit aussi un Chapeau hors du rang , à celui que la Reine Regente d'Espagne lui nommeroit. Ce fut le Cardinal Portocarrero. Je raconterai dans la suite les manieres adroites dont le Cardinal de Boüillon se servit pour être Grand Aumônier de France & Abbé de Cluny ; je n'oublierai pas ses malheurs , ses deux exils , ce qui lui a fait manquer l'Evêché de Liege & celui de Strasbourg, & sans l'épargner je dirai ses fautes & ses défauts , aussi-bien que ses vertus. En un mot, sa Vie est si fort mêlée avec celle du Roi , qu'il me faudra souvent parler de lui, & j'en dirai la verité , parce que je la sçai. Je l'ai accompagné dans plusieurs de ses Voyages. j'ai été Conclaviste à l'Exaltation du Pape Innocent XI. & sans vanité, il a eu peu de choses cachées pour moi.

Mais je reviens à mes Memoires, ou je me flatte de fourer bien des choses importantes & secrettes. J'ai passé plusieurs années de ma vie avec M. le Prin-

ce & M. de Turenne, Heros, qui tous
deux sçavoient s'humaniser, & ne dé-
daignoient la conversation de personne ;
persuadez que tout habiles qu'ils étoient,
ils pouvoient encore apprendre. Je me
suis trouvé par hazard ami intime de
plusieurs Ministres. Il est vrai que ces
Messieurs ne m'ont jamais revelé les secrets de l'Etat ; mais il est difficile, &
presque impossible que dans une familiarité continuelle, dans la chaleur de la
conversation, il ne leur échape une infinité de choses ; ils n'ont point dessein
de nous en instruire, mais nous les re-
velent souvent sans y penser. Leur cœur
est fait comme les autres cœurs, & il
faut bien qu'il s'ouvre de tems en tems.
Celui de tous qui parle le plus aisément,
c'est M. de Croissy, sans qu'il lui
échape rien qui puisse nuire au service
du Roi. On peut aussi arracher quelque chose de M. de Pompone ; mais
pour M. de Pontchartrain, on tireroit
plûtôt de l'huile d'un mur, il fait mystere de tout, c'est un vrai Bontems.
Enfin je croi être assez bien instruit de
la matiere que j'ai à traiter, & je la
traiterai sans aucune attention ni à la
naissance, ni aux dignitez : je me flatte

même que l'amitié ne pourra rien sur
moi, & qu'ayant toûjours devant les
yeux mon devoir & l'utilité du prochain, nulle confideration humaine ne
fera capable de me faire prendre à gauche.

LOUIS lui-même tout grand qu'il
eft ne me tentera pas. Quelque foible
que j'aye à fon égard, la verité me fou-
tiendra, l'amour du vrai triomphera en
moi de tous les autres amours. J'avoüe
que ce Prince m'a fait du bien, mais je
ne l'avois pas merité par mes fervices;
tout va fur le compte de mes Parens : car
pour moi, je le dis à ma confufion, jamais il ne m'a écouté favorablement; &
lorfque je lui ai demandé quelques graces affez legeres, il me les a toutes refu-
fées. Je veux pourtant lui rendre juftice,
il n'a pas eu grand tort. Je m'étois donné l'exclufion à moi-même, & ma conduite cachée & irréguliere ne le juftifie
que trop à mon égard.

Mais auffi, s'il m'a rendu juftice, je
fuis en droit de la lui faire à mon tour,
& de pefer fon merite dans la balance
de la verité. Oüi je protefte que je l'y
peferai, & que j'écrirai fans rien craindre tout ce qui eft venu à ma connoif-

sance ; car je suis persuadé qu'en parlant d'un aussi grand Prince , il faut descendre quelquefois jusqu'aux moindres circonstances. C'est dans ces occasions que les plus petites choses deviennent grandes , & qu'on ne sçauroit jamais trop entrer dans le détail. Les jeux & les amusemens des Heros doivent faire l'instruction & l'entretien perpetuel des hommes.

Je rapporterai , par exemple, jusqu'à ses moindres paroles , parce qu'elles ont toûjours eu un certain sel qui leur donne la force & l'agrément. Il est véritablement Roi de la langue, & peut servir de modéle à l'éloquence Françoise. Les réponses qu'il fait sur le champ, effacent les harangues étudiées.

Il dit au Marquis d'Uxelles, qui étoit tout honteux d'avoir rendu Mayence , après plus de cinquante jours de tranchée ouverte : *Marquis , vous avez défendu la Place en homme de cœur, & vous avez capitulé en homme d'esprit.*

Il écrivit à M. de la Rochefoucault après l'avoir fait Grand-Maître de la Garde-Robbe : *Je me réjoüis comme vôtre Ami du present que je vous ai fait comme vôtre Maître.* Et le même se plai-

gnant selon sa bonne coûtume de la dureté de ses créanciers : *Est-ce ma faute,*
lui dit le Roi, *que n'en parlez-vous à vos
amis ;* & deux heures après lui envoya
cinquante mille écus.

Le bon homme Bontems, toûjours
obligeant & désinteressé, lui demandoit
une Charge vacante de Gentilhomme
Ordinaire pour la famille du mort. *Hé
Bontemps ! lui dit le Roi, demanderez-
vous toûjours pour les autres, je donne la
Charge à vôtre Fils.*

Je ne finirois pas, si je mettois ici
tout ce qui me revient à la memoire sur
un si beau sujet. Le Roi aime tendrement ceux qui servent auprès de Sa Majesté, & s'il leur promet quelque grace,
il s'en souvient pour la faire, & l'oublie
après l'avoir faite. Il les accable de bienfaits, comme s'ils étoient toûjours dans
le besoin. S'ils font des fautes, il les regarde comme des hommes, & lorsqu'il
en est bien servi, il les traite comme ses
amis.

Un jour qu'il s'habilloit, après avoir
mis lui-même ses bas, il ne se trouva
point de souliers. Celui qui en étoit
chargé, courut les chercher, & fut une
demie heure à revenir. Les Courtisans

s'impatientoient, le Roi seul paroissoit tranquille. M. de Montauzier en colere, voulut gronder le Valet de Garde-Robbe. *Hé! laissez-le en paix*, dit le Roi, *il est assez fâché.*

Une autrefois un de ses Valets de Chambre lui renversa sur sa jambe toute nuë la cire brulante d'une grosse bougie: *Au moins*, lui dit-il, *donnez-moi de l'eau de la Reine de Hongrie.*

Pequilain, depuis Lauzun, emporté par une folle passion, lui manqua de respect, & lui dit insolemment, lui montrant le poing fermé, qu'il ne le serviroit jamais. Le Roi qui sent venir sa colere, jette brusquement par la fenêtre une canne qu'il avoit à la main: *Je serois au desespoir*, dit-il à M. le Tellier qui étoit present, *si j'avois frapé un Gentilhomme.*

Une autrefois le même Lauzun lui répondit fort insolemment: *Ah! s'écria-il, si je n'étois pas Roi, je me mettrois en colere.*

Le Musicien Gaye dans une débauche avoit dit des sotises de l'Archevêque de Rheims, Maître de la Musique, & de la Chapelle: il se crut perdu, & alla demander pardon au Roi. Quelques jours après l'Archevêque, à qui on avoit raporté fidélement le mauvais discours du Musicien, dit à demi-haut en l'entendant chanter à la Messe. C'est dommage, le pauvre Gaye perd sa voix : *Vous vous trompez*, reprit le Roi, *il chante bien, mais il parle mal.*

Un de ses Valets de Chambre le prioit un soir de faire recommander à M. le Premier Président un procès qu'il avoit contre son beau-pere, & lui disoit en le pressant : *Helas ! Sire, vous n'avez qu'à dire une parole.* Hé ! lui dit le Roi, ce *n'est pas dequoi je suis en peine : mais dis-moi, si tu étois à la place de ton beau-pere, serois-tu bien aise que je la disse, cette parole ?*

Le Roi est si grand, qu'on peut dire sans le flatter, qu'il est grand jusques dans la plus petite chose.

Il se vit au comble de la gloire humaine, lorsqu'il alla dîner à l'Hôtel de Ville après sa maladie ; il se vit aimé de son peuple ; jamais on ne témoigna tant de joïe, les acclamations ne finissoient point. Il étoit dans son carosse avec Monseigneur & la Famille Royale. Cent mille voix crioient, *Vive le Roi.*

J'ai grand peur , dit-il en riant , que quelque mauvais plaisant ne crie aussi , *Et Bechameil son Favori*. Il faut se souvenir que le peuple étoit alors acharné à faire des couplets sur Bechameil , qu'on qualifioit toûjours de Favori du Roi.

Le Roi est peut-être l'homme de son Royaume qui pense le plus juste , & qui s'explique le plus agréablement. Il avoit remarqué que Cavoye & Racine se promenoient toûjours ensemble. Il les voyoit un jour passer sur la Terrasse : Cavoye , dit-il à ceux qui étoient auprès de lui , croit devenir bel esprit , & Racine se croira bien tôt un fin Courtisan.

Mais je m'arrête tout court , & je trouverai dans la suite de ces Memoires assez d'occasions de rapporter les dits mémorables de mon Heros , que j'estime tel , malgré les fautes qu'il a faites , & qu'il s'est reprochées à lui-même. Ce sont des ombres. & des taches dans le Soleil , qui ne l'empêchent pas d'être le grand Astre de lumiere. Par exemple , il a fait deux fautes considerables & irréparables. La premiere ,

de n'avoir pas paffé le Rhin à la nage
après le Comte de Guiche , à la tête
de fes Gardes du Corps. Il y avoit peu
de danger à courre , & une gloire infinie à acquerir. Alexandre & fon
Granique n'auroient eu qu'à fe cacher. Il eft vrai qu'il faut lui rendre
juftice ; il le vouloit , mais M. le Prince
qui n'ofoit pas mettre le pied dans l'eau
à caufe de fa goute , s'y oppofa. Comment eût-il ofé paffer en batteau , le Roi
paffant à la nage. J'en fuis témoin , j'y
étois prefent , & même j'eus le plaifir
de faire ce jour-là une chofe fort agréable au Roi ; je lui fis entendre la Meffe.
Il étoit parti la veille à onze heures du
foir : fon Armée étoit campée à fix
lieuës de-là ; il avoit marché toute la
nuit , & n'avoit pris que le détachement
neceffaire pour fon entreprife. J'étois le
foir par hazard dans la Tente de mon
Frere de Balleroy , lorfqu'il eut ordre de
marcher avec fon Regiment. Je le fuivis
fans balancer , & fans fçavoir où nous
allions ; mais on voyoit bien que de
partir à onze heures du foir , n'étoit pas
pour aller faire une revûë. Nous nous
trouvâmes à trois heures du matin fur
le bord du Rhin , vis-à-vis le Thollhys.

Je vis le courage du Comte de Guiche.
J'étois à trois pas de Sa Majesté, quand
elle apprit la blessure de M. le Prince, &
la mort de M. de Longueville. Elle parut plus touchée de l'une que de l'autre.
Je vis aussi le petit triomphe de Cavois ,
on l'avoit nommé parmi les morts, & le
Roi lui avoit donné une loüange bien
solide , en s'écriant : Ah ! que M. de
Turenne sera fâché. Mais une demie
heure après on vit un homme à cheval
de l'autre côté du Rhin qui se mettoit à
la nage. L'attention fut grande ; on attendoit à tous les momens des nouvelles
de ce qui se faisoit de l'autre côté. Cet
homme passa heureusement, & il se trouva que c'étoit Cavois que M le Prince
envoyoit au Roi. Sa Majesté fut fort
aise de sa résurrection ; mais les Courtisans eussent bien voulu retenir les
loüanges qui lui avoient données. Enfin , l'affaire étant finie vers les dix heures du matin , le Roi , qui par paren-
these , n'a jamais manqué qu'une fois
en sa vie à entendre la Messe, la demanda. Il n'y avoit ni Aumônier , ni
Chapelain ; ils étoient en défaut. L'Abbé de Dangeau & moi nous nous trouvâmes les seuls Ecclesiastiques de la

Cour ; nous allâmes chercher un Aumônier de Regiment , il nous manquoit un Miſſel, on en trouva un dans un porte-manteau du Comte d'Ayen ; on dreſſa un Autel , & nous eûmes l'honneur de ſervir le Roi à ſa Meſſe : ainſi je peux parler en cette occaſion comme témoin oculaire.

Mais paſſerai-je ſi legerement ſur la choſe de ma vie qui m'a le plus touché. J'étois ſerviteur, que dis-je ſerviteur , j'étois ami très-particulier de M. de Longueville : je me garderai bien de faire ici ſon portrait , cela ne ſerviroit qu'à renouveller ma douleur. Enfin je le connoiſſois, comme tout le monde , pour le Prince le mieux fait, le plus aimable & le plus magnifique ; mais je ſçavois de plus une partie de ſon ſecret. Nous attendions à tous momens des nouvelles de Pologne , & ſelon les apparences il en devoit être bien-tôt Roi. J'étois tous les jours avec lui ; je lui avois donné au Siege d'Orſoy une Canne garnie d'or qu'il avoit trouvée à ſon gré ; car il ne faiſoit pas de façon de prendre de petits preſens de ſes amis, bien ſûr de leur en faire bien-tôt de grands. Il y avoit trente heures qu'il

étoit allé en parti du côté de l'Isel, lorsqu'il arriva au camp fort fatigué. Il
apprit que le Roi étoit parti la nuit
avec six mille Chevaux ; son courage
lui redonna de la vigueur, il pique à
toute bride & arrive sur le bord du
Rhin, dans l'instant que M. le Prince
montoit dans un batteau pour passer de
l'autre côté. J'étois sur le bord, & sur
son chemin ; il couroit, & ne laissa pas
de me dire en passant, Adieu l'Abbé,
je n'ai pas vôtre Canne aujourd hui. Il
vit que le batteau de M. le Prince déma-
roit, il cria qu'on l'attendît, ou qu'il
s'alloit mettre à la nage. M. le Prince
qui connoissoit son Neveu, eut peur
qu'il ne fit ce qu'il disoit, & que son
cheval presque rendu ne le fît noyer. Il
fit retourner à terre, & le prit dans son
batteau. On sçait trop la suite. L'ému-
lation & la jalousie de gloire entre M.
le Duc, & M. de Longueville excite-
rent leur témerité ; & deux heures après
je vis de mes propres yeux le corps de
M. de Longueville que l'on rapporta
sur un cheval, la tête d'un côté, & les
pieds de l'autre. Des Soldats lui avoient
coupé le petit doigt gauche pour avoir
un diamant. Non, je ne crois pas avoir
jamais

jamais été , ni pouvoir jamais être aussi touché que je le fus. Mais ce qui est fort singulier , j'étois encore jeune , grand joüeur , assez peu attaché à mes devoirs Ecclesiastiques ; à peine étois-je tonsuré , & cependant j'allai m'enfermer dans une hute de feuilles que mon frere de Balleroy avoit fait faire , & je priai Dieu pour M. de Longueville à genoux, avec des larmes , & une contrition de cœur que je voudrois bien avoir pour mes pechez. Je ne pouvois pas me consoler en pensant qu'un jeune Prince ambitieux , galant , sujet à ses passions , avoit été tué tout roide ; & les suites d'une éternité malheureuse me faisoient tourner la tête. Ces pensées funestes me tourmenterent pendant toute la Campagne ; & je ne me remis l'esprit qu'en apprenant que M. de Longueville, avant que de partir pour l'Armée , avoit fait une Confession generale aux Chartreux, & s'étoit disposé à une mort veritablement Chrétienne.

Mais revenons au Roi. Une autre faute qu'il a faite , encore plus grande que la premiere , c'est de n'avoir pas attaqué le Prince d'Orange sur la Contrescarpe de Valenciennes , lorsque

ses Troupes passoient l'Escaut, & n'é-
toient qu'à demi passées. Le Maréchal
de Lorges ne demandoit que six mille
Chevaux pour commencer la déroute
des Ennemis. Le Roi vouloit donner,
il avoit pris ses armes à la tête de l'Armée, qu'il avoit lui-même rangée en
bataille ; mais le Maréchal de Schom-
bert, gagné par M. de Louvois, qui
n'aimoit que les actions décisives, fit
des raisonnemens si longs, qu'il laissa
échaper le moment de la victoire, en
donnant le tems au Prince d'Orange de
se fortifier sur la hauteur avec toute son
Armée. J'ai oüi dire à un Ministre que le
Roi se reprochoit souvent d'avoir eu de
la foiblesse dans ces deux occasions.

Je crois qu'il est assez à propos, avant
que d'aller plus loin, d'avertir ceux
qui s'amuseront à lire ces Memoires,
qu'ils y trouveront une infinité de choses dont ils feront peut-être fort peu
de cas.

Je laisserai tomber de ma plume tout
ce qui me regardera personnellement,
quelque petit qu'il soit ; & mes amis y
trouveront aussi leur place : car pour
des ennemis, graces à Dieu, je n'en ai
point, & n'en eus jamais : & si je sça-

vois quelqu'un qui me voulut du mal ,
j'irois tout à l'heure lui faire tant d'hon-
nêtetez , tant d'amitiez , qu'il devien-
droit mon ami en dépit de lui. C'eſt
donc ici un plaiſir innocent que je me
propoſe. Quand je ferai bien vieux , je
me ferai lire ces Memoires , & me ra-
jeunirai en quelque ſorte en me rappel-
lant ces tems heureux de la jeuneſſe , où
l'on ne ſonge qu'à ſe réjoüir. J'aurai de
plus la conſolation de repaſſer dans ma
memoire les actions héroïques d'un des
plus grands Rois qui ait jamais été en
France : car quoi qu'il ait des défauts
comme les autres hommes , & qu'il ait
bien fait des fautes en ſa vie, il a en lui
tant de grandes qualitez , des vertus ſi
ſolides , & il a fait tant de belles choſes , qu'à tout prendre je l'eſtime autant
que Charlemagne , ou Philippe - Au-
guſte. Nous ne voyons preſentement tous
ces Heros que de bien loin , ſur la parole
des Hiſtoriens , que l'amour ou la haine
font ſouvent parler. Pour moi , voici
comme je m'y prens pour écrire mes
Memoires. J'écris d'abord tout ce que
je ſçai par moi-même , & tout ce que
ma Mere m'a dit ; enſuite je fais des
queſtions aux gens par les mains de

qui les affaires ont passé , & les faits
sans empressement , avec un air in-
genu , & de simple curiosité. Je fais
parler M. Roze sur le tems du Cardinal Mazarin. J'entretiens M. de Brienne qui a été cinq ou six ans Secretaire
d'Etat , & qui malgré dix-huit ans de
saint Lazare , a encore beaucoup d'esprit & de memoire. Je fais conter à
M. de Pontchartrain ; j'en ai usé ainsi
avec feu Pelisson. Je laisse jaser la bonne femme du Plessis-Bellierre qui ne
radote point. J'ai eu cent conversations avec le vieux Maréchal de Villeroy & avec feu M. le Premier. Je
tire quelquefois une parole du bon-
homme Bontems ; j'en tire douze de
Joyeuse , & vingt-cinq de Chamarante , qui est ravi qu'on lui aille tenir
compagnie. Il n'y a rien qui délie si
bien la langue, que la goute aux pieds ,
& aux mains. Je me sers de ce que
me dit l'un pour faire parler l'autre.
Je compare les diverses leçons, & quand
plusieurs s'accordent sans s'être con-
certez , je crois que c'est la verité. Je
m'apperçois tous les jours que cette
maniere d'apprendre les choses les
plus secrettes est admirable. On ne

se mésie point de moi ; je n'ai point arboré l'étendart d'Historien du Roi. Tout le monde croit que je travaille à l'Histoire de Charles VII. je viens de donner au Public Charles VI. Je ferai siller son Successeur cinq ou six ans après. Chacun me donne des memoires sur le Comte de Dunois, & sur la belle Agnès, & je les mets dans le sac ; j'en parle exprès dans les assemblées de l'Abbé de Dangeau, mais lorsque je tiens quelque bon Auteur contemporain, quelque Roze, quelque Chamarante, qui peut me montrer ce que je cherche, j'en tire toûjours quelque chose sans paroître m'en soucier. L'autre jour M. Roze me contoit les particularitez de la mort de M. le Cardinal Mazarin. Je l'interrompis pour lui parler de la Pucelle d'Orleans : Ah ! me dit-il, M. Racine voudroit bien être ici, il m'a mis plusieurs fois sur les voyes, mais je ne lui ai jamais rien voulu dire. J'ai bien affaire qu'il m'aille citer à tort & à travers. Je me mis à rire de lui, & lui contai une avanture Siamoise ; mais dès que je fus sorti de chez lui, j'écrivis sur mes Tablettes tout ce qu'il m'avoit dit du

Cardinal. Je n'écris jamais que les choses qui se sont passées il y a au moins quinze ans. Tous mes amis sont bons Courtisans, & n'oseroient rien dire du present, ni de ce qui en approche : mais dès que cela s'éloigne un peu, ils ne font plus un mystere de relever les choses les plus secrettes, persuadez qu'il n'y a plus de danger pour eux. Au reste quand celui avec qui je cause sort de mon sujet, & me conte quelque fait curieux, je ne laisse pas de l'enchasser. Par exemple, M. l'Abbé de Dangeau, qui sçait le passé, le present & l'avenir me conta hier en trente paroles un trait de l'histoire du Marquis d'Ancre, qui me parut digne d'être écrit, le voici.

Conchini, Gentilhomme Florentin, étoit venu en France avec la Reine Marie de Medicis. Il étoit amoureux, ou feignoit de l'être de Madame Eleonor Galigay, Femme de Chambre de la Reine & sa Confidente. La Cour étoit à Fontainebleau après la mort de Henri IV. Conchini en allant à Paris logea un soir à Melun chez le Procureur du Roi nommé M. Barbin. Ils firent connoissance & amitié. Bar-

bin lui offrit fa maifon & un beau jardin
pour y régaler Madame Eleonor. Il l'accepta, les Amans s'y virent plufieurs fois;
ils fe marierent enfuite au commencement de la Regence.

Conchini acheta le Marquifat d'Ancre, & devint premier Miniftre. Il fe
fouvint dans fa gloire de fon ami M.
Barbin, & le propofa à la Reine pour
avoir foin des Finances, fous le titre
de Controlleur General. M. Barbin
Maître des Finances fe fouvint de fon
ami Boutillier Avocat, qui pendant
qu'il n'étoit que Procureur du Roi de
Melun, lui donnoit une Chambre chez
lui quand il alloit à Paris. L'Avocat
Boutillier avoit un fils habile qui vint
à la Cour fous la protection de M.
Barbin. Il vola bien-tôt de fes propres aîles, & par fon merite devint
Secretaire d'Etat. C'eft le grand-pere
de l'Evêque de Troyes. D'autre côté
cet Avocat Boutillier avoit été Clerc
du vieux Avocat de la Porte, qui l'a-
voit fort bien traité. Cet Avocat de
la Porte étoit fils d'un Apoticaire de
Partenai en Poitou, à qui le peuple
avoit donné le nom de la Porte, à caufe que fa boutique étoit fur la Porte

de la Ville. Il étoit venu à Paris fort jeune, & par son esprit & sa profonde capacité, il étoit devenu un des plus fameux Avocats de son tems. Il avoit fait gagner une Cause importante à Messieurs de Malte, qui par reconnoissance reçurent son fils Chevalier sans faire de preuve, & ce fut le Grand Prieur de la Porte. Son fils aîné se nomma M. de la Meilleraie, & son petit-fils fut le Marquis, depuis Maréchal de la Meilleraie. M. Boutillier contribua d'abord à l'avancement du Marquis de la Meilleraie ; mais ayant fait connoître à la Reine le Protonotaire du Plessis, fils d'une la Porte, ce petit Protonotaire devint bien-tôt le plus puissant & fit la fortune des autres ; c'est le Cardinal de Richelieu. Il poussa dans la Guerre le Maréchal de la Meilleraie son cousin germain, & M. Boutillier dans la Finance. Le Cardinal étoit ami intime de Madame Boutillier, & traitoit M. de Chavigni son fils comme s'il eût été le sien. Cela me fait souvenir d'une avanture presque semblable qui amena mon grand-pere à la Cour de Henri III. Il n'étoit pas fort riche, & revenoit d'une

petite

petite Terre qu'il avoit en Norman-
die , nommé Balleroy. Etant arrivé à
Meulan , le Marquis d'O , alors Sur-
intendant des Finances , arriva en même tems dans l'Hôtellerie : ils font con-
noiſſance , ſoupent enſemble , joüent
aux échets ; mon grand - pere qui n'é-
toit brin ſot, ſe laiſſe donner mat. Le
Sur-intendant le trouve fort à ſon gré ,
& l'employa depuis dans les plus gran-
ces affaires , ſans que ſon nom parût
jamais dans aucun Traité. Ses ennemis l'attaquerent à la Chambre de Juſtice de 1664. mais il fut déchargé
abſolument , & ne paya aucune taxe.
Les Rois Henri III. & Henri IV. l'a-
voient fait Conſeiller d'Etat , l'aimoient
fort , & l'admettoient à leurs jeux , &
dans leurs divertiſſemens particuliers ,
à ce que dit M. de Baſſompierre. Il a
conté pluſieurs fois cette avanture à
M. de Caumartin Conſeiller d'Etat ,
qui étoit ſon petit - fils , auſſi - bien que
moi.

Après ce petit écart , qu'on me par-
donnera ſi l'on veut , j'avertis que ſi
dans ces Memoires je ne flatte point le
Roi, je ne me flatterai point non plus.
Je ne dirai pas que je ſuis une bête ,

me croiroit-on ? mais j'avouërai que j'ai eu une fort mauvaise conduite , & qu'il n'a tenu qu'à moi de faire une fortune confiderable : Dieu ne l'a pas permis , je me ferois perdu dans les grandes élevations ; & d'ailleurs à la mort j'aurois à en rendre un plus grand compte. Je n'aurai à répondre que de moi. Je dirai feulement pour ma juftification , que ma Mere par une fauffe tendreffe , m'a élevé comme une Demoifelle. Le moyen de faire après cela un grand homme. Je vous avois averti , mon cher Lecteur , que je parlerois de moi jufqu'au déboire. Tenez-vous - en là , n'allez pas plus loin , je fuis un peu jafeur la plume à la main ; vous fentez bien que je ne fais pas grande façon , & que je ne fonge guere à ce que j'ai à vous dire. Je vous promets pourtant bien ferieufement de vous entretenir prèfque toûjours du Roi , ce fera ma baffe continuë ; & fi de tems en tems vous me trouvez en quelque coin , paffez par-deffus : comme je ne me contrains pas pour vous , je vous confeille ne ne vous pas contraindre pour moi.

Je vais donc peindre L o ü i s dans

son plus beau point de vûë ; & je commencerai son Histoire à la mort du Cardinal Mazarin , lorsqu'à l'âge de vingt-deux ans , il se chargea du Gouvernement , & n'en fut point embarassé. Son esprit caché jusques-là sous les déhors modestes d'une bonté ingenuë , se declara tout entier. Il changea l'ordre dans les affaires , se choisit des Ministres , forma des Conseils reglez , & se donna par là une capacité à laquelle on n'avoit pas lieu de s'attendre. Il avoit passé son enfance dans les jeux & dans les plaisirs ; la Reine sa Mere s'étoit peu mise en peine de son éducation. Ses Gouverneurs , ses Précepteurs l'avoient prèsque abandonné à lui - même ; il ne sçavoit , à proprement parler , que ce que la Nature lui avoit appris. L'étude lui faisoit de la peine , comme elle en fait à tous les enfans : mais au lieu de le contraindre comme les autres , on le flattoit dans toutes ses inclinations , qui heureusement pour lui & pour nous , se sont trouvées bonnes , douces & bienfaisantes.

On voit pourtant une Traduction d'une partie des Commentaires de Cefar, par L o ü i s X I V. Roi de France. Il n'y avoit que fur le chapitre de la Religion qu'on ne lui pardonnoit rien : & parce qu'un jour la Reine Mere, alors Regente, l'entendit jurer (le petit Manicamp, qui a foutenu toute fa vie le même caractere, lui avoit perfuadé que c'étoit - là le bon air) elle le fit mettre en prifon dans fa chambre, où il fut deux jours fans voir perfonne ; & lui fit tant d'horreur d'un crime, qui va infulter Dieu jufques dans le Ciel, qu'il n'y eft prèfque jamais retombé depuis ; & qu'à fon exemple le Blafphême a été aboli parmi les Courtifans, qui en faifoient alors vanité. On lui avoit infpiré, dès fes premieres années, ces principes folides de Pieté. Ils fe placerent, ils fe graverent dans le fond de fon cœur ; & fi dans la fuite de fa vie l'ardeur de l'âge l'a fait ceder quelquefois à fes paffions, ces premieres impreffions du Bien font demeurées inébranlablement dans fon cœur. Il a toûjours confervé du refpect pour la Religion ; & plus d'une fois, au fcandale du petit peuple, mais à l'édification des gens fages & éclairez, il a mieux aimé s'éloigner des faints &

sacrez Misteres , quoique la Politique en murmurât, que de s'en approcher indigne-ment.

Mais pour revenir au tems de l'enfance, le Cardinal Mazarin l'avoit gouverné avec un pouvoir absolu.

Jules Mazarin , né à Rome , originaire de Sicile , étoit d'une naissance assez obscure , qu'il ne se soucia jamais de relever par des chimeres généalogiques. Il avoit fait ses premieres études à Rome , & son cours de Philosophie , de Théologie & de Droit Canon à Salamanque en Espagne. Il prit d'abord la profession des Armes , & devint Capitaine d'Infanterie dans l'Etat de Milan. On fit la Treve de la Valteline , pendant laquelle il acquit aisément la familiarité des Generaux François & des Espagnols. Egalement esti-mé & des uns & des autres , il fit ami-tié depuis avec M. le Tellier Intendant de l'Armée de France , qui lui prêta dix mille écus. Cet argent fut rendu au cen-tuple.

M. de Caumartin Intendant des Fi-nances , m'a conté qu'il avoit oüi M. le Tellier , depuis qu'il étoit Chance-lier , plaisanter sa femme sur ces dix-mille écus qu'il avoit prêtez à M. de Mazarin contre son avis, & qu'elle avoit crû long-tems fort avanturez.

Mazarin quitta l'épée quelque tems après, prit l'habit Ecclesiastique ; & se trouvant auprès de Pancizole, Nonce du Pape, il se rendit fort agréable aux François, en persuadant aux Espagnols de lever le Siege de Cazal. Il fit alors tout ce que l'on peut attendre de la plus profonde capacité. Il suspendit, il charma la fureur des deux Armées en presence & prêtes à combattre ; & montra dans cette occasion célebre jusqu'où peut aller la force de la parole. Il écrivoit encore plus agréablement qu'il ne parloit, à cause de l'accent Italien, dont il ne put jamais se défaire, & mettoit en œuvre toute la délicatesse de la Langue Françoise : on le peut voir dans les Lettres qu'il écrivoit au Roi dans les Conferences de la Paix. Elles sont imprimées.

Après l'affaire de Cazal, il fut Vice-Legat d'Avignon, & Nonce en France, où le Cardinal de Richelieu lui trouvant un beau génie, quoique fort au-dessous du sien, le fit Cardinal. J'ai oüi conter à M. le Premier la maniere bizarre dont cela se fit ; voici comment.

Le Pere Joseph Capucin, qui avoit la Nomination de France étant mort, le Cardinal de Richelieu demanda à M. de Chavigni Secretaire d'Etat des Affaires Etrangeres , sur qui il étoit d'avis qu'il fît tomber cette grace. Chavigni lui proposa Jules Mazarin son ami : mais le Cardinal le rejettta d'abord , & même avec des paroles de mépris. Chavigni insista, & le Cardinal pressé lui dit, nous verrons donc une autre fois. Là-dessus Chavigni fit toutes les Dépêches au nom du Roi en faveur de Mazarin, les envoya à Rome, & engagea l'affaire. A quelques jours de là , le Cardinal lui en parla : mais Chavigni lui dit que c'étoit une affaire faite , qu'il en avoit écrit au Pape ; & soutint toûjours que le Cardinal lui en avoit donné l'ordre. Il prenoit de ces sortes de libertez-là avec Son Eminence , qui avoit pour lui une tendresse & une foiblesse de pere. Le Cardinal Mazarin fut bien-tôt Premier Ministre , & prit des manieres fort differentes de celles de son Predecesseur.

Richelieu né pour commander aux autres hommes ; ami génereux , cruel ennemi , avoit sur la même table son Breviaire & Machiavel. Il contribua par son argent , & par ses conseils au soulevement de Portugal ; il fomenta les Guerres Civiles d'Angleterre , moins par Politique d'Etat , que par animosité particuliere. Il abaissa la Maison d'Autriche , & la mit hors d'état d'aspirer à la Monarchie Universelle. Il triompha des Huguenots par la prise de la Rochelle ; & au milieu de tant d'affaires il eut moins à craindre les ennemis du déhors que ceux du dedans. Toûjours en garde contre les Favoris qui révoltoient l'esprit du Roi contre lui ; le petit Coucher du Roi , disoit-il , me fait plus de peine que toute l'Europe. Il humilia les Seigneurs , il fit obéir les Parlemens , il emprisonna les Princes , il fit exiler le Frere du Roi , héritier présomptif de la Couronne ; il vit mourir la Reine Mere son ennemie au Païs étranger ; il traita la Reine Regnante avec dureté , & prèsqu'en criminelle. Enfin il domina l'esprit de son Maître , qui l'estimoit , qui le craignoit , & qui ne l'aimoit pas , par

la terreur qu'il ui infpiroit : jufques-
là qu'il fut le premier à chanter avec
fes Valets de Chambre les Vaudevilles
que le peuple fit fur la mort de ce grand
Miniftre.

Je m'apperçois que je viens de dire
deux chofes dans le portrait du Cardinal de Richelieu qui meritent d'être
prouvées : L'une, qu'il a fomenté les
Guerres Civiles d'Angleterre : L'autre,
que Loüis XIII. le craignoit plus qu'il
ne l'aimoit. Je prouve la premiere par
une Lettre du Cardinal au Comte d'Eftrades Ambaffadeur de France en Angleterre en 1637. où après l'avoir
remercié des foins inutiles qu'il avoit
pris pour le racommoder avec la Reine,
il ajoûte ces mots : *On connoîtra bien-
tôt qu'on ne doit pas me méprifer* ; & en
effet dans ce tems-là commencerent les
troubles d'Ecoffe , qui peu à peu conduifirent le Roi d'Angleterre fur l'é-
chaffaut. L'autre marque les voyes dé-
tournées dont le Cardinal fe fervoit pour
forcer le Roi à le laiffer dans le Miniftere.

Après que M. le Grand eut été arrêté, le Prince d'Orange , à la priere
du Cardinal, écrivit au Roi qu'il alloit

fonger à faire fon accommodement
avec l'Efpagne , puifque Sa Majefté
alloit changer de Miniftre , & mettre
fes affaires entre les mains de gens qui
ne feroient pas affectionnez à la caufe
commune , comme le Cardinal l'avoit
toûjours été. Il ajoûta que fi l'attentat
de M. le Grand demeuroit impuni , les
Alliez de la France ne pouvoient plus
prendre de liaifons avec un Miniftre mé-
prifé.

Le Roi eut peur , fit couper le cou à
M. le Grand , & rendit toute fon autorité au Cardinal. Ma Mere m'a dit
que le bon homme la Vrilliere Secretaire d'Etat lui avoit conté qu'étant allé porter au Cardinal de Richelieu la
nouvelle du Combat de Caftelnaudari,
& de la prife de Montmorenci , le
Cardinal avoit fait un figne de la main
comme voulant faire couper le cou
au Prifonnier ; & que s'étant apperçu
que la Vrilliere auroit pû le remarquer
il lui avoit dit , M. de Montmorenci
eft de mes amis , je lui laverai bien la
tête. Son premier figne avoit été fort naturel. Il avoit fait Puy-Laurent Duc,& lui
avoit fait époufer fa niece dans l'efperance qu'il porteroit feu Monfieur Gafton

à quitter la Princesse Marguerite de Lorraine : mais voyant qu'il ne le pouvoir,
ou ne le vouloit pas , il l'envoya à Vincennes où il mourut fort brusquement ;
& il remaria sa Niece au Comte d'Harcourt.

Mazarin qui prit la place de Richelieu , ne prit pas sa maniere de gouverner. Etranger , sans appui , & d'ailleurs
d'un esprit plus doux; il crut se devoir
servir de finesse & de dissimulation.

Le Cardinal de Sainte Cecile son frere,
disoit souvent, *Il mio fratelle e un coione,*
fate rumore , egli havra paura.

Il fit ouvrir les Prisons , le Duc d'El-
bœuf , & le Duc de la Valette y étoient
depuis dix ans entre la vie & la mort.
Il reconcilia le Duc d'Orleans avec le
Roi ; & s'appliqua sur toutes choses , à
gagner les bonnes graces de la Reine.
Il crut même devoir ceder au naturel
impetueux du Duc d'Enguien , qui a
été depuis le grand Condé. Ce Prince
fier de la bataille de Rocroi & de la prise de Thionville , ne vouloit plus ceder
aux Cardinaux. Il se souvenoit avec chagrin , que le Prince de Condé son pere
voulant faire plaisir au Cardinal de Richelieu , lui avoit fait faire deux cens

lieuës , pour aller rendre une visite au Cardinal de Lyon , qui chez lui ne lui donna pas la main. Il croyoit que les tems d'abaissement étoient passez , & menaçoit hautement de faire une insulte au Cardinal Mazarin , qui consentit enfin à n'avoir la préséance que dans les Eglises. Il traita le Duc de Beaufort avec plus de hauteur ; & le voyant devenu insolent depuis que la Reine à la mort du Roi lui avoit confié la garde de ses Enfans , ne craignant d'ailleurs , ni son esprit , ni sa capacité , il le fit mettre à Vincennes.

Il fit depuis une action encore plus hardie , quand il fit arrêter les Princes de Condé & de Conti , & M. de Longueville. Il concerta la chose avec la Reine Mere long-tems avant que de l'éxecuter ; & ne l'osa faire sans la participation de Monsieur. Madame de Chevreuse se chargea de l'y faire consentir. Monsieur promit même de n'en rien dire à l'Abbé de la Riviere son favori , parce que M. le Prince l'avoit gagné , en lui promettant que M. le Prince de Conti ne le troubleroit point à sa nomination au Cardinalat.

Le Cardinal s'etant assuré de Mon-

fieur , fit rendre un billet à M. le Prince , par lequel on l'avertiffoit que le
Coadjuteur de Paris , le Duc de Beaufort , & les autres Frondeurs le vouloient
faire affaffiner fur le Pont-neuf. M. le
Prince montra ce billet à la Reine , &
par fon confeil , envoya fon caroffe fur
le Pont-neuf, les rideaux fermez. Auffi-
tôt cinq ou fix hommes à cheval tirerent
trois ou quatre coups de moufquetons
dans le caroffe , & blefferent un laquais.
M. le Prince convaincu qu'on vouloit
l'affaffiner , rompit toutes les liaifons
qu'il avoit avec les Frondeurs , & demanda juftice au Parlement. Ce fut
alors qu'on vit plufieurs jours dans la
Grand-Salle du Palais M. le Prince d'un
côté , fuivi de Maréchaux de France &
de Lieutenans Generaux ; & de l'autre
le Coadjuteur entouré de fes braves. Ils
faifoient une haye pour laiffer paffer les
Confeillers ; & trois ou quatre fois ils
furent prêts à mettre l'épée à la main fur
quelques paroles indifcrettes , & à s'en-
trégorger. Un jour entre autres , M.
le Prince en montant les degrez de la
fainte Chapelle , reconnut un Chevau-
Leger en habit gris ; il lui demanda,
que fais-tu là ? Le Chevau-Leger fit d'a-

bord quelques difficultez de répondre ;
& puis ne pouvant foutenir la préfence
d'un Prince du Sang , il lui avoüa que
toute la Compagnie étoit là ; qu'ils
avoient ordre d'obéir à M. de Foffeufe,
& que le mot de ralliement étoit *Sainte
Marie.*

La Reine ne vouloit pas que M. le
Prince accablât les Frondeurs. Il n'étoit
déja que trop infolent. M. le Prince
pourfuivit fon chemin, entra à la Grand-
Chambre ; & quand il eut pris place :
Meffieurs , leur dit-il , j'ai vû des Gens
de Guerre dans le Palais , ils ont un
mot de Ralliement ; je ne croïois pas en
venant ici venir à l'occafion : Mais ,
ajoûta-t-il , y a-t-il donc ici quelqu'un
qui m'ofe difputer le haut du pavé. A
cette parole le Coadjuteur ôta fon bonnet , & dit tout haut : Il n'y a perfonne qui difpute le pavé à M. le Prince ;
mais quand on l'a, on le garde. Alors
M. le Prince dit : Meffieurs , je vais
faire voir le refpect que j'ai pour le Parlement. Je vais renvoyer tous ceux qui
m'ont accompagné. Allez , Monfieur,
dit-il à M. de la Rochefoucault , allez
dire à mes amis qu'ils s'en retournent
tous à l'Hôtel de Condé , & qu'il ne ref-

te avec moi que mes Pages & mes Laquais. M. de la Rochefoucault fortit auffi-tôt de fa place & paffa dans la Grand-Salle, où il donna l'ordre de M. le Prince.

Le Coadjuteur dit en même-tems : Je m'en vais renvoyer auffi tous mes amis, & fortit auffi de la Grand-Salle. Mais comme il voulut rentrer dans la Grand-Chambre, & qu'il avoit avancé la tête & le bras pour paffer par la porte, qui étoit entre-ouverte, M. de la Rochefoucault qui étoit déja rentré, la pouffa rudement, & mit la barre derriere. Ainfi le Coadjuteur fe trouva pris & fort ferré dans la porte, fans pouvoir avancer, ni reculer. Il y demeura un *Miferere*, entendant de fes oreilles dans la Grand-Salle un Tailleur nommé Pêche, qui le menaçoit de lui donner cent coups de poignard. Mais heureufement pour lui, un Bourgeois fe mit devant la porte, & le cachoit avec fon manteau. Il y feroit refté plus long-tems fans M. de Champlatreux, fils du premier Préfident Molé, qui étant venu par hazard à la porte pour fortir, le vit en cet état-là, leva vite la barre, & le fit entrer.

Le Coadjuteur pâle comme la mort, se mit à sa place, conta son avanture, & dit plusieurs fois : Messieurs , il n'a pas tenu à M. de la Rochefoucault que je n'aye été assassiné. Puis se tournant vers le Premier Président , c'est à M. vôtre fils, lui dit-il , que je dois la vie ; & depuis ce tems-là le Coadjuteur eut une grande reconnoissance pour M. de Champlatreux , dont l'action avoit été d'autant plus belle , qu'il étoit alors absolument dans les interêts de M. le Prince.

Le Coadjuteur m'a conté toutes ces particularitez à Rome dans le Conclave; il avoit la goute , & je lui tenois compagnie ; & quoiqu'il exagerât souvent dans ses récits ; ce fait est veritable & attesté par tout le monde. Les choses en étoient-là , lorsqu'on jugea au Parlement un petit Incident pour l'instruction du Procès entre M. le Prince & les Frondeurs. L'affaire fut fort disputée , & passa de cinq ou six voix à l'avantage de M. le Prince. Cela fit faire de grandes reflexions au Cardinal Mazarin. Il étoit fort fatigué des demandes éternelles de M. le Prince , qui ne croyoit pas que le Cardinal osât lui rien refuser , après le service important qu'il

lui

lui avoit rendu en le ramenant à Paris en triomphe. Il vouloit être Connêtable, & faire donner à ses amis toutes les Charges & tous les Gouvernemens ; le Cardinal n'y pouvoit point suffire.

Madame de Chevreuse s'en étant apperçuë, lui fit comprendre qu'il seroit le maître absolu, s'il se vouloit racommoder avec les Frondeurs. Il lui donna pouvoir de traiter avec eux. Elle en parla dès le même soir au Coadjuteur, & à Mademoiselle de Chevreuse sa fille, qui appellerent M. de Caumartin à leur conseil. Ils arrêterent de n'en pas dire un mot à M. de Beaufort, de peur qu'il ne le dît à Madame de Montbazon, dont il étoit amoureux, & que par-là la mine ne vînt à être éventée. La négociation dura trois semaines, & cinq ou six jours de suite le Coadjuteur accompagné du seul Caumartin, se rendit à minuit à la Barriere des Sergens de la ruë saint Honoré, où Gabouri en manteau gris, les venoit prendre, les faisoit passer par une maison qui traversoit de la ruë des petits Champs dans celle des bons Enfans. Ils entroient au Palais Royal, & par un petit degré se trouvoient dans l'Oratoire de la Reine, où

le Cardinal ne manquoit pas de se rendre. Ils convinrent de leurs faits , le
Coadjuteur fit le genereux , & ne demanda rien pour lui ; mais il exigea
qu'on donneroit à M. de Vendôme la
Charge d'Admiral , & la survivance à
M. de Beaufort.

Le Cardinal s'étant assuré des Frondeurs & de leurs amis , crut que rien
ne s'opposeroit à son entreprise , & ré-
solut de l'executer. Les trois Princes ne
se trouvoient jamais ensemble en un
même lieu , de peur qu'on ne les prît
d'un coup de filet. Condé & Conti
étoient à Paris; Longueville étoit à Chail-
lot , sous pretexte d'y prendre les eaux.
Il demandoit à la Reine le Pont de l'Ar-
che. Il envoya un matin Priolo pour
presser M. le Cardinal , & lui demander quand la Reine voudroit lui donner
audience. Rose Secretaire du Cardinal
fit entrer Priolo. Le Cardinal lui dit que
la Reine étoit fort incommodée , qu'elle
ne tiendroit par Conseil ce jour-là ; mais
que M. de Longueville pourroit la venir
voir , & qu'elle étoit disposée à lui faire plaisir. Longueville vint l'aprèsdinée,
& dès qu'il fut au Louvre , la Reine
manda aux Princes de Condé & de Con-

ti , qu'elle alloit tenir Conseil sur le champ. Ils arriverent un moment après sans penser à M. de Longueville , qui y étoit déja. Ils trouverent dans le grand Cabinet de la Reine le Cardinal , qui leur dit qu'il alloit faire une petite Dépêche , & revenir aussi-tôt. Le Chancelier Seguier , M. le Tellier , & M. Servien étoient dans le Cabinet. Dès que le Cardinal fut sorti , Guitaut Capitaine des Gardes de la Reine , Comminges son neveu , & la Ralliere Lieutenant des Gardes de la Reine y entrerent , & allerent faire à chacun des Princes un compliment fort respectueux , en les arrêtant de la part du Roi.

M. le Prince fort émû , dit qu'au moins il vouloit dire un mot à la Reine. Le Chancelier entra dans le Cabinet , & en sortit un moment après pour lui dire que la Reine ne pouvoit pas lui parler: Alors il dit à Guitaut , par où faut-il aller ? Guitaut ouvrit une petite porte au bout de la petite Galerie , & lui montra un escalier dérobé fort obscur , sur lequel il y avoit des Gardes avec la carabine haute. M. le Prince en les voyant , dit : Guitaut , ceci à bien l'air des Etats de Blois : Non , non ,

Monseigneur, lui répondit Guitaut, si cela étoit, je ne m'en mêlerois pas. Les trois Princes descendirent, & monterent tous trois dans le même carosse, qui les conduisit à la Porte de Richelieu, où le Comte de Miossens, Lieutenant des Gendarmes, les attendoit avec sa Compagnie. Il les mena à Vincennes, & en eut le Bâton de Maréchel de France; c'est le Maréchal d'Albret. Le carosse rompit en chemin, il n'y avoit pour les escorter que quatorze Gendarmes. M. le Prince pendant qu'on racommodoit le carosse, dit tout bas à Miossens : Voici une belle occasion pour un Cadet de Gascogne. Il repondit : Monseigneur, mon devoir... Ah ! je ne vous en prie pas, interrompit M. le Prince.

Il avoit donné à souper quelques jours auparavant au Cardinal. Son Eminence avoit été de fort bonne humeur, buvant & joüant comme les autres. Et même la veille, M. le Prince le vint voir, & lui dit, qu'on l'avoit averti de plusieurs endroits, que depuis quelques jours il avoit des conferences avec le Coadjuteur. Le Cardinal lui répondit en riant : Si vous sçaviez comme il a bonne mine, ce

Coadjuteur , avec un habit de velours vert en broderie d'or , & un bouquet de plumes incarnat & blanc ; & tourna toûjours la chose en plaisanterie : & dans le vrai , le Cardinal de Retz avoit un petit grain dans la tête.

Il aimoit sur ses vieux jours à conter les avantures de sa jeunesse , qu'il ornoit un peu de merveilleux. Il disoit un jour, qu'il n'avoit fait la guerre de Paris, que pour épouser la Maréchale de la Meilleraie , dont il étoit amoureux. Le vieux Maréchal vivoit encore ; mais il devoit mourir bien-tôt. Il est vrai qu'il étoit Coadjuteur de Paris , Archevêque de Corinthe , & Prêtre : mais il croyoit en bouleversant l'Etat se rendre si considerable , que le Pape n'eût osé lui refuser toutes dispenses. Cela est bien fou.

Il étoit à Rome , où il s'étoit sauvé après sa prison , lorsque le Pere du Cardinal Mazarin y mourut. Il fit mettre dans la Gazette de Rome : Nous apprenons par les avis de Paris , que le Seigneur *Pierre Mazarin* est mort en cette Ville. Cela me fait souvenir d'un mot de M. de Mortemart. Il n'étoit pas content du Cardinal Mazarin , non

plus que M. de Liancourt ; & ils ne lui
rendoient aucuns devoirs. Néanmoins
à la mort de son Pere , M. de Liancourt,
plus poli que Mortemart , lui proposa
d'aller rendre une visite au Cardinal :
Il est fort affligé , lui disoit-il : Il a raison , reprit Mortemart , c'est peut-être le
seul homme qui pouvoit mourir sans qu'il
en heritât.

Mais pour revenir à M. le Prince, il
se laissa endormir par le Cardinal Mazarin ; & même lui dit qu'on l'avoit
averti que la Reine le vouloit arrêter. Le Cardinal se mit encore à rire ;
& puis prenant son serieux , il lui dit ,
qu'il vouloit lui donner une marque
de confiance , en lui apprenant , que
les petits mouvemens dont on s'étoit
apperçû à la Cour , ne se faisoient que
pour prendre ceux qui l'avoient voulu assassiner ; que Parrain des Coutu-
res , soupçonné d'en être , étoit caché
auprès de la Porte Montmartre ; &
que pour ne le pas manquer , les Gendarmes avoient ordre de s'assembler le
lendemain hors la Porte de Richelieu ,
sous prétexte d'une Revûë. M. le Prince
le crut bonnement ; & répondit toute
la journée aux donneurs d'avis , qu'il

ſçavoit le deſſous des cartes.

La veille que les Princes furent arrê-
tez, la Reine envoya le Tellier dire à
M. le Prince, qu'elle le regardoit comme
ſon troiſiéme Fils; & qu'après ce qu'il
avoit fait pour l'Etat, la Charge de
Connêtable étoit duë à ſes ſervices : mais
qu'elle croyoit qu'il falloit attendre la
Majorité du Roi pour faire la choſe avec
plus de ſureté.

Dès que les trois Princes furent en-
trez dans le Palais Royal, & qu'on en
eut fermé toutes les portes, Madame de
Chevreuſe en fut avertie. Elle avoit donné à diner à M. de Beaufort : elle lui dit
auſſi-tôt en preſence de ſa fille & du
Coadjuteur : Vous voyez, Monſieur,
comme M. le Prince vous traite. Si le
Cardinal le mettoit dans la même cache
où il vous a mis autrefois, lui pardon-
neriez-vous ? Je l'aimerois de tout mon
cœur, s'écria M. de Beaufort. Oh ! bien,
Monſieur, lui dit le Coadjuteur, ai-
mez-le donc, M. le Prince eſt ſur le chemin de Vincennes ; & de plus vous êtes
Amiral.

Feu M. le Premier m'a dit que les
Princes pendant leur priſon, vivoient
d'une maniere fort differente. M. de

Longueville ne difoit mot ; le Prince de Conti étoit prèfque toûjours dans fon lit ; M. le Prince, chantoit, juroit, entendoit la Meffe tous les matins, joüoit au volant, & lifoit beaucoup. On dit auffi que le Prince de Conti ayant demandé à M. des Barres qui le gardoit, l'Imitation de Jefus - Chrift pour fe confoler, M. le Prince lui dit en mê-me tems ; Et moi je vous demande l'Imitation de M. de Beaufort, afin que je me puiffe fauver d'ici comme il fit il y a deux ans.

Les chofes changerent de face encore plus d'une fois. Le Coadjuteur étant devenu Cardinal de Retz, augmenta de pouvoir & d'infolence. J'en rapporterai feulement un petit trait.

Le Roi étoit rentré dans Paris aux acclamations du Peuple, qui fe laffoit de la Guerre. Tout paroiffoit tranquile & foûmis. M. le Prince avoit pris la campagne, & Monfieur cantonné dans fon Palais de Luxembourg, étoit refolu de fe retirer à Blois, lorfque le Cardinal de Retz le vint trouver à fix heures du foir, & lui dit, qu'au lieu de fuïr devant le Cardinal Mazarin, il pouvoit encore être le maître, s'il vouloit;

vouloit ; qu'il n'avoit qu'à donner l'ordre publiquement à ses Gendarmes, & à ses Chevaux-Legers de se trouver le lendemain à sept heures du matin à la porte de Luxembourg pour aller à Blois, & qu'au lieu d'en prendre le chemin, il n'avoit qu'à venir entendre la Messe à saint Eustache ; qu'il lui répondoit qu'en un quart d'heure toute la Ville prendroit les armes, feroit des Barricades, & assiegeroit la Cour dans le Louvre. Monsieur suivant son naturel timide & inquiet, étoit fort incertain de son parti : mais Madame plus hardie le détermina. Il promit d'aller le lendemain matin à la Messe de saint Eustache, & de faire encore ce coup de vigueur. Aussi-tôt le Cardinal de Retz partit de la main, & courut toute la nuit chez ses amis disposer toutes choses pour commencer les Barricades dans les Halles, dès que Monsieur paroîtroit à saint Eustache. Les Harangeres donnerent parole de faire beau bruit : mais à cinq heures du matin on lui vint dire que Monsieur étoit parti pour Blois ; & se voyant seul, il fut obligé de donner un contre-ordre, & de demeurer en repos. Il se douta bien qu'il y auroit quelque traitre parmi ses amis ; & que son entreprise avortée viendroit à la connoissance de la Cour. Il hésita quelques momens s'il se retireroit : mais enfin prenant courage, il alla à la Messe du Roi à l'ordinaire, & se donna à l'exterieur un air de fermeté & d'innocence, qu'il croyoit capable de le sauver. Il se trompa, & trois jours après il fut arrêté & mis à Vincennes.

M. de Caumartin m'a conté, que tous ses amis craignant qu'on ne l'empoisonnât, tinrent un petit conseil pour imaginer les moyens de lui faire tenir du contre-poison. Madame de Lesdiguieres se chargea de la commission ; le Marquis de Villequier, presentement Duc d'Aumont, faisoit l'amoureux d'elle. Il étoit Capitaine des Gardes du Corps. Elle s'adressa à lui, & le pria de faire donner au Cardinal un pot d'opiat pour les maux d'estomac, ausquels il étoit sujet. Villequier lui promit tout, croyant la chose innocente & faisable. Il en alla demander la permission à la Reine : elle voulut voir le pot d'opiat, & le fit voir au Cardinal, qui reconnut d'abord que c'étoit du contre-poison. Il avoit un grand usage de ces sortes de compositions.

La Reine fut fort en colere qu'on la crût capable de se servir de poison. Elle en parla aux Ministres. M. Servien proposa d'ôter l'opiat ; & de faire donner le pot plein de veritable poison , pour punir une défiance si mal fondée & si offençante. Mais M. le Tellier s'y opposa fortement ; & l'on se contenta de supprimer l'opiat.

MEMOIRES

POUR SERVIR

A

L'HISTOIRE

DE

LOÜIS XIV.

LIVRE SECOND.

Es Guerres Civiles, qui plus d'une fois avoient mené le Cardinal Mazarin à deux doigts de sa ruïne, n'avoient servi qu'à faire voir la grandeur de son courage, & les ressources de sa fortune. Il s'étoit trouvé à sa premiere

ſortie de France abandonné de tout le
monde , avec ſix mille piſtoles pour tout
bien , lui qui s'étoit vû le maître de
to s les treſors du Royaume. Il ſe re-
pentit de ſon peu de prévoyance , &
jura bien de ne pas retomber dans le
même cas. Il tint parole fort exactement ; & lorſqu'il ſortit de France la ſe-
conde fois , il avoit envoyé plus de quatre millions à Rome , à Veniſe , en Hollande & en Angleterre. Auſſi parut-il
plus certain de ſon retour ; & les conſeils
qu'il envoyoit à la Reine, étoient tous
faits comme des ordres , qu'on executoit
auſſi-tôt.

La Majorité du Roi n'avoit rien
changé au Gouvernement. Le Cardinal gouvernoit , & prenoit ſes meſu-
res pour gouverner toûjours. Il eſt vrai
qu'il entretenoit le Roi de ſes affaires ,
ou du moins qu'il le diſoit. Ses amis
faiſoient ſonner bien - haut les leçons
de Politique qu'il lui donnoit aſſez rarement : car j'ai oüi dire au vieux Maréchal de Villeroy , qui y étoit quelquefois preſent , que toutes ſes leçons
rouloient ſur des maximes generales ,
& aboutiſſoient à tenir les Princes du
Sang le plus bas qu'il pourroit , à ne ſe

point trop familiarifer avec fes Courtifans, de peur qu'ils ne perdiffent le
refpect, & ne lui fiffent des demandes qu'il lui feroit impoffible de leur
accorder. Il faut, lui difoit-il, prendre
un vifage ferieux & fevere dès qu'ils
vous demanderont quelque chofe, &
continuer avec foin le talent royal de
la diffimulation, que la Nature lui
avoit prodigué; à fe défier de tous ceux
qui approchoient de fa Perfonne, fans
même en excepter fes Miniftres, devant être bien perfuadé qu'ils ne fon-
geroient tous qu'à le tromper; à garder dans les affaires un fecret impenetrable, qui feul peut les faire réüffir; &
à toûjours promettre aux François, fans
fe mettre beaucoup en peine de rien
tenir.

Il lui recommandoit encore de n'ê-
tre pas cruel : Prenez leur argent, lui
difoit-il, mais épargnez leur fang; &
c'eft une maxime que le Cardinal a toûjours fuivie.

Vous êtes trop bon, Monfeigneur,
lui difoit un jour Ondondei; fi vous fai-
fiez quelque exemple de feverité, on
vous obéiroit mieux. Oüi, lui repliqua - t - il, mais on me haïroit davan-

tage. Il faut tomber d'accord que la plûpart de ses maximes étoient fort bonnes;
& que s'il y en a quelqu'une dont un
honnête homme ne voudroit pas se servir, il n'y en a point qu'un bon Politique ne puisse & ne doive mettre en
œuvre.

Le Cardinal, par ces grands mots,
prétendoit imposer au Peuple, se sou-
ciant assez peu, au moins dans les commencemens que le Roi en profitât.
Il songeoit moins à en faire un grand
Prince, qu'un bon - homme ; doux,
tendre, & complaisant ; qui satisfait
de ses Maisons de Plaisance & du Commandement de ses Mousquetaires, le
laissât maître de l'Etat. Il ne lui trouvoit que trop de génie, & ne laissoit
approcher de lui que des Enfans, ou
des gens gagnez qui ne parloient jamais d'affaires. Il sembloit être secon-
dé dans ses desseins par la Reine mere,
sur l'esprit de laquelle il avoit pris depuis long - tems un grand ascendant :
& comme ils étoient toûjours de même avis, le jeune Roi n'osoit jamais
leur résister. Il avoit tenté plusieurs
fois d'accorder des graces, & de donner quelques Benefices à des Officiers

qui étoient auprès de ſa Perſonne. Mais
le Cardinal craignant les conſequen-
ces, s'y étoit toûjours oppoſé Quand
il y avoit des Bénefices vacans, ou
qu'on les lui demandoit, il répondoit
toûjours qu'il en parleroit au Roi, &
ne lui en parloit jamais. Il ſignoit la
feüille, & l'envoyoit au Pere Annat,
Confeſſeur du Roi, qui la ſignoit ſans
l'examiner ; & enſuite le Secretaire
d'Etat expedioit les Brevets. Ces manieres dures & imperieuſes euſſent été
capables de revolter l'eſprit du Roi,
ſi le reſpect qu'il avoit pour ſa Mere,
& l'amitié qu'il croyoit devoir au Cardinal, n'euſſent arrêté ſes premiers mouvemens.

Il a bien mis depuis en pratique la
principale qualité des Rois, une profonde diſſimulation. Il diſſimula donc,
& ne laiſſa prèſque pas appercevoir qu'il
fût ſenſible. Il s'amuſoit à des Revûës,
à des Danſes, à des Ballets ; & pendant
que le Cardinal diſpoſoit de tout, il vivoit comme un particulier ſans ſe mêler
de rien ; & donnoit peu d'idées de ce
qu'il a été depuis.

Le Cardinal qui le connoiſſoit à
fonds, ne laiſſoit pas de craindre qu'il

ne lui échapât : & fur ce qu'un jour le
Maréchal de Gramont le flattoit d'une
puiſſance éternelle , fondée fur la foi-
bleſſe du Roi. Ah ! *Monſou le Mare-
chal*, lui dit-il, vous ne le connoiſſez
pas ; il y a en lui de l'étoffe dequoi faire quatre Rois & un honnête homme.
Cela me fait ſouvenir de ce que ma Mere lui diſoit un jour , Sire , voulez-vous
devenir honnête homme , ayez ſouvent des converſations avec moi. Il
crut ſon conſeil , & lui donnoit deux
fois la ſemaine des audiances reglées,
qu'il payoit par une penſion de huit mille livres.

Le Cardinal diſoit une autre fois au
Maréchal de Villeroy , au ſortir d'une
audiance que le Roi avoit donnée aux
Députez des Etats de Bourgogne : Avez-
vous pris garde , *Monſou* le Maréchal ,
comme le Roi écoute en Maître , &
parle en Pere : il ſe mettra en chemin
un peu tard ; mais il ira plus loin qu'un
autre.

Cependant le Miniſtre profitoit du
tems pour établir ſa famille. Il maria ſes
deux nieces Martinozzi , l'une au Prince
de Conti , & l'autre au Duc de Modene : & les deux aînées Mancini ,

l'une au Duc de Mercœur , & l'autre
au Comte de Soiſſons. Les plus grands
Princes ſe diſputoient l'honneur d'entrer dans ſon alliance. Il avoit auſſi
en 1653. arrêté le mariage de ſa niéce
Hortenſe Mancini avec le Duc de Boüillon , & il devoit être conſommé dès
qu'ils auroient l'âge. Madame de Boüillon , très-habile femme, s'étoit ſervie
de cette alliance en idée pour rétablir
les affaires de ſa maiſon , que la Sou-
veraineté de Sedan avoit miſe en dé-
ſordre. Le Cardinal l'avoit ſoutenuë
en toutes ſortes d'occaſions , & par
ſon credit autant pour le moins, que
par celui de M. de Turenne, le Duc
de Boüillon à dix-huit ans , ſans jamais
avoir été à la Guerre , avoit été fait
grand Chambellan. Cette Charge aprés
la mort du Duc de Joyeuſe , avoit été
donnée au Duc de Guiſe le Napolitain,
à condition de la rendre à ſon neveu
le Prince de Joinville , qui depuis a
épouſé une petite-fille de Henry IV.
Mais le Duc de Guiſe preſſé de l'envie de dépenſer , donna ſa Charge au
Duc de Boüillon pour huit cens mille
livres, & cinquante ou ſoixante mille
livres qu'il devoit à la maiſon de Boüil-

lon. M. de Longueville en offroit onze cens mille livres ; mais M. de Guife ne l'écouta pas , parce que Mademoifelle de Pons fa bonne amie s'étoit déclarée pour M. de Boüillon , qui avoit eu le bon efprit de lui envoyer quatre mille Piftoles.

L'autorité du Cardinal augmenta toûjours jufqu'au Traité des Pirenées. La Paix qu'il donna , l'affermit encore. Il avoit pû la faire deux ans plûtôt. Il y employa Lionne déja connu par fon habileté dans les affaires étrangeres. Le Cardinal pour lui faire honneur , lui avoit fait donner un plein-pouvoir de figner la Paix , ne croyant pas que cela fût poffible. Mais Lionne agit avec tant d'efprit & de capacité dans les conferences qu'il eut avec les Miniftres d'Efpagne , qu'ils convinrent fur prèfque tous les Articles. Il rendoit compte au Cardinal par tous les ordinaires , de la facilité qu'il trouvoit à fe faire accorder tout ce qu'il demandoit ; & la chofe alla fi loin , que le Cardinal eut peur que le Traité ne s'achevât fans lui , & que Lionne emporté par la gloire de faire la Paix , ne fe fervît de fes Pouvoirs. Ce n'étoit pas le compte de Son Eminence ; elle avoit de grandes vûës ; il falloit gagner l'amitié des François, & obliger en même-tems les Espagnols : ce qu'il croyoit pouvoir faire dans un Traité. Le crédit des deux Nations lui étoit absolument necessaire pour parvenir à la Papauté. Il écrivit à Lionne d'un ton aigre & railleur, qu'il avoit la mine de vouloir revenir en France avec une couronne d'olives. Lionne piqué au vif, pensa signer le Traité : mais plus sage il envoya un courier à M. Servien, son oncle, pour lui demander conseil. Il n'étoit pas difficile à donner. Servien, vieux Courtisan, lui manda qu'il étoit perdu, s'il faisoit la Paix, & qu'en cette occasion la vanité devoit ceder à l'interêt. Il ne la signa pas, & en laissa tout l'honneur à Son Eminence. J'ai appris ce détail par les Serviens, qui étoient parens de ma Mere.

Le Mariage du Roi avec l'Infante d'Espagne qui se fit ensuite, mit le comble à la gloire du Cardinal, & lui auroit gagné le cœur de la Reine Mere, si ce n'avoit été une chose faite depuis long-tems. Il lui en porta la nouvelle à Lyon , dans le tems que le Roi parloit d'époufer la Princeffe de Savoye. Pimentel fut envoyé d'Efpagne pour propofer le Mariage de l'Infante , & la paix enfuite. Il entra en France fans paffeport , & vint à Lyon trouver le Cardinal qui lui dit d'abord : *Monfou Pimentel , vous êtes chaffé , ou vous nous apportez la Paix & le Mariage.* Pimentel lui propofa l'un & l'autre. Et le Cardinal qui vouloit plaire en tout à la Reine Mere , accepta tout , & rompit le Mariage de Savoye. Il parut à toute la France , qu'en cette occafion il s'étoit facrifié lui-même au bien de l'Etat. Le Roy étoit amoureux de fa Niece , qui a été depuis la Connêtable Colonne : & ce Prince , jeune , ardent dans fes defirs , emporté par une premiere paffion , la vouloit époufer ; & l'eût peut-être fait malgré la Reine Mere , fi le Cardinal , qui étoit aux conferences de Saint-Jean-de-Luz , ne l'eût menacé de quitter tout , & d'abandonner le foin de fes affaires. Il fit d'abord peu de cas de fes menaces , qu'il ne croïoit pas finceres ; & manda au Cardinal qu'il fît tout ce qu'il voudroit , & que s'il abandonnoit fes affaires ,

aſſez d'autres s'en chargeroient volontiers. J'ai oüi conter pluſieurs fois à
la Comteſſe de Soiſſons, que l'alarme
fut grande parmi les Nieces du Cardinal. Elles voïoient ſa chûte prochai-
ne, & ſe défioient de l'amour du Roi,
qui venant à leur manquer tout d'un
coup, les faiſoit retomber dans la mi-
ſere. Il leur paroiſſoit fort amoureux,
mais cela ne les mettoit pas en repos.
La choſe alla ſi avant, que la Reine
Mere eut peur ; elle demanda conſeil
au vieux Brienne, qui avoit toûjours
été attaché à ſon ſervice. Il lui dit,
qu'ayant été ſi long-tems Regente, il
ne croïoit pas que le Roy, avant l'âge
de vingt-cinq ans, pût ſe marier ſans
ſon conſentement. Qu'en tout cas, il
lui conſeilloit de faire une proteſtation
en bonne forme ; & que ce ſeroit
une bonne piece pour faire caſſer le
Mariage, quand le Roy ſeroit revenu de ſon aveuglement. La proteſtation fut dreſſée toute prête à être
ſignifiée, ſi les choſes fuſſent allées
plus loin : mais on n'en eut pas beſoin ;
le Roy ſe rendit aux raiſons du Cardinal, qui envoïa l'ordre de conduire
ſa Niece à Broüage. Marie (c'étoit le

nom de la Niece) pleura beaucoup.
Le Roi parut attendri , mais il avoit
pris fa refolution ; & ce fut dans le moment du départ , qu'elle lui dit ces
paroles qui vouloient dire tant de chofes : Ah ! Sire , vous êtes Roy , vous
m'aimez , & je parts. Il ne voulut pas
les entendre , & continua encore quelque tems à preffer le Cardinal ; mais
le voyant plus ferme que jamais , ce
Prince naturellement fage , fit de fe-
rieufes réfléxions. Il fe laffoit bien
d'être en tutelle , mais il ne fe fentoit
pas affez fort pour marcher fans conduc-
teur. Il n'avoit prèfque aucune connoiffance du Gouvernement. La Paix n'é-
toit point encore fignée ; & le mépris
éclatant qu'il eût fait de l'Infante en
époufant une fimple Demoifelle , le
rejettoit indubitablement dans la Guerre. Il avoit oüi dire , & cela étoit
vrai , que fes revenus étoient mangez
deux ou trois ans par avance. D'ailleurs il s'étoit paffé quelques mois depuis que fon cœur étoit bleffé. L'efperance de faire confentir le Cardinal
à la grandeur de fa Niece , lui avoit
fait prendre patience ; & cette Fille
pleine d'artifice n'avoit pû lui fafciner

les yeux plus long-tems. Il s'étoit apperçu qu'elle n'étoit point belle , &
que ses manieres enjoüées venoient
moins d'un esprit vif, que d'un naturel
emporté & incapable de réfléxions. Quoi
qu'il en soit , il ceda aux raisons du Cardinal : la Paix fut signée , & le Mariage
conclu.

Ç'a été depuis un grand problême
entre les politiques ; sçavoir, si le Cardinal agissoit de bonne foi , & s'il ne s'op-
posoit pas au torrent pour augmenter sa
violence. J'ai vû le vieux Maréchal de
Villeroy , & feu M. le Premier agiter
fortement la question , non pas ensemble , (je l'aurois bien souhaité ,) mais
chacun dans son cabinet. Ils apportoient
une infinité de raisons pour & contre ;
& d'ordinaire ils concluoient en faveur
de la sincerité du Cardinal , non qu'ils
ne le crussent assez ambitieux pour avoir
souhaité de voir sa Niece Reine de France , mais ils le connoissoient fort timide , & incapable d'aller tête baissée contre la Reine Mere , qui seroit devenuë
son ennemie sans retour ; & cela sur la
parole fort périlleuse d'un homme de
vingt-cinq ans , qui aimoit pour la premiere fois ; au lieu qu'en refusant l'éle-
vation

vation d'une Niece , qu'il n'avoit pas
sujet d'aimer fort tendrement , (il sçavoit qu'elle étoit assez folle pour se mo-
quer de lui depuis le matin jusqu'au soir,)
au lieu , dis-je , qu'en faisant le Heros par
le mépris d'une Couronne , il le deve-
noit en effet , & faisoit la Paix , assuroit
son pouvoir , & persuadoit le Roi d'une
maniere bien sensible de son attachement
inviolable à la gloire de sa Personne , &
au bien de son Etat.

Ce Cardinal si fameux , qui sur la fin
de ses jours sembloit vouloir se faire aimer du Peuple , autant qu'il en avoit été
haï , ne put executer de si belles résolutions , s'il est vrai qu'il les ait euës. Il
languit près d'une année dans le Château de Vincennes, où il s'étoit fait porter pour prendre l'air. Il commandoit
avec une autorité plus absoluë que jamais ; & depuis la Paix des Pyrenées,
il exigeoit des plus grands Seigneurs de
plus grands respects que par le passé. Il
vouloit que tout le monde le traitât de
Monseigneur ; la plûpart des Courtisans
s'y étoient soumis, & generalement tous
ceux qui avoient besoin de lui, hors le
vieux Brienne , qui avoit une tête de
fer , & qui ne cessa point de l'appeller

Tome I.   H

Monsieur, mais il ne s'en trouva pas
mieux dans la suite ; & peut-être fut-ce
une des choses qui contribua à sa perte ;
le Cardinal ayant fait au Roi une fort
mauvaise peinture de lui & de son fils. Il
commença alors tout de bon à instruire
le Roi. Il tenoit conseil presque tous les
jours avec Fouquet, Lionne, & les Secretaires d'Etat, & ne vouloit point qu'on
parlât d'affaires que le Roi n'y fût. Il lui
disoit ce qu'il falloit qu'il répondît aux
Ambassadeurs. On lui envoyoit sa leçon
par le jeune Brienne, reçû en survivance de la Charge de Secretaire d'Etat des
Affaires Etrangeres. Le Roi suivoit exactement les conseils du Cardinal. Un jour
pourtant qu'il lui avoit mandé de refuser absolument à l'Envoyé de Genes la
restitution d'un Vaisseau qui pouvoit valoir dix mille écus : ce Prince qui se
sentoit un si grand Prince, dit à Brienne :
Je ne puis me résoudre à refuser dix mille
écus à une Republique : mais je les ren-
voyerai à M. le Cardinal, qui en fera
ce qu'il voudra.

Il trouva la même grandeur d'ame,
lorsque Colbert lui apporta le Testament que le Cardinal venoit de faire,
(& ce fut la veille qu'il mourut,) il lui

défendit de le lire , & le figna fans vouloir fçavoir ce qu'il contenoit. *C'eſt la moindre choſe que je lui dois* , difoit-il en foupirant.

Le Cardinal ne paſſoit pas pour avoir la confcience fort timorée. Néanmoins les fcrupules augmentoient à mefure que la mort approchoit. Un bon Théatin, fon Confeſſeur, lui dit net qu'il feroit damné, s'il ne reſtituoit le bien qu'il avoit mal aquis : *Helas !* dit-il , *je n'ai rien que des bienfaits du Roi. Mais ,* reprit le Théatin , *il faut bien diſtinguer ce que le Roi vous a donné , d'avec ce que vous vous êtes donné vous-même. Ah ! ſi cela eſt* , dit le Cardinal , *il faut tout reſtituer.* Colbert vint là-deſſus, & étant confulté, confeilla au Cardinal de faire une donation teſtamentaire de tous fes biens en faveur du Roi ; qu'il ne manqueroit pas, vû fon bon cœur, de les lui redonner fur le champ. L'expedient plut à Son Eminence ; il falloit peu de chofe pour calmer fes remords. Il fit la donation le troiſiéme Mars ; mais il fut deux jours fort en peine ; parce que le Roi, qui l'avoit acceptée, ne difoit mot. *Ma pauvre famille* , s'écrioit-il dans fon lit devant Colbert , Rofe & Bernoüin son premier Valet de Chambre. (Je le sçai de Roze.) *Ah ! ma pauvre famille n'aura pas de pain.* Colbert le reconfortoit, & lui rapporta enfin le 6. du mois la donation du Roi , qui le remettoit en possession de ses richesses imm.nses. Il refit aussi-tôt ce fameux Testament , dont on a tant parlé , par lequel il dispose de plus de cinquante millions; & le 7. & le 8. il y fit quelque changement. Il y défend sur toutes choses qu'on fasse inventaire de ses effets, assurément dans la peur qu'il avoit que le public n'en fût scandalisé. Il donne au Roi deux Cabinets de pieces de rapport qui n'étoient pas encore achevez , quelques Diamans à la Reine Mere , soixante marcs d'or , & une Tenture de Tapisserie à Monsieur ; six cens mille livres pour faire la guerre aux Turcs , à peuprès deux cens mille écus à la Princesse de Conti , & autant à la Princesse de Modene ; dix-huit mille livres de pension viagere à Madame Martinozzi sa sœur ; au Marquis de Mancini son neveu, le Duché de Nevers , neuf cens mille livres d'argent comptant , des rentes sur Broüage ; & la moitié de ses meubles avec tous ses biens de Rome ; deux cens mille écus à M. de Vendôme ; autant à la Comtesse de Soissons ; cent mille livres au Maréchal de Grammont ; dix-huit gros Diamans pour être de la Couronne, à condition qu'on les appelleroit les Mazarins ; six mille livres aux Pauvres, & tout le reste de ses biens au Duc & à la Duchesse de Mazarin, qu'il instituë ses Legataires universels. Il nomme pour Executeur de son Testament, le Premier President, Messieurs Fouquet, le Tellier, l'Evêque de Frejus, & Colbert. On n'entroit plus dans sa chambre les huit derniers jours de sa maladie, que par la garde-robe, de peur de lui faire du bruit. Il y avoit un petit passage obscur où Colbert passoit les jours & les nuits à recevoir les complimens de tout le monde. Il étoit Intendant de la maison du Cardinal, & sçavoit toutes ses affaires ; & dès que Son Eminence eut rendu les derniers soupirs, il alla trouver le Roi, & lui dit que le Cardinal avoit en differens lieux près de quinze millions d'argent comptant; & qu'apparemment son intention n'étoit pas de les laisser au Duc Mazarin, quoiqu'il l'eût déclaré son Legataire universel ; qu'il falloit prendre là-dessus le mariage de ses Nieces, à qui il donnoit à chacune à peu-près quatre cens mille écus, & que le surplus serviroit à remplir les coffres de l'Epargne, qui étoient fort vuides. Ce fut là le commencement de la fortune de Colbert. La chose demeura secrette entre le Roi & lui; & le Sur-Intendant n'en sçût rien, ou ne fit pas semblant de le sçavoir.

On dit qu'on trouva à Sedan chez le Maréchal Fabert cinq millions; deux à Brisac; six à la Fere; & cinq ou six à Vincennes. Il y avoit aussi de l'argent dans son appartement au Louvre; mais Bernoüin son premier Valet de chambre s'en saisit, & ne le rendit pas; il en fut au moins soupçonné, parce que la veille de la mort du Cardinal, il le quitta agonisant, & alla tout seul au Louvre, où Colbert ne trouva rien le lendemain. Le Duc de Mazarin n'eut aucune connoissance du Testament, ou eut assez d'esprit pour n'en rien dire. Il se croyoit assez heureux d'avoir par son contrat de mariage douze cens mille écus d'argent comptant, le Gouvernement general d'Alsace, avec les Gouvernemens particuliers de Brisac, & de Philisbourg; ceux de la Fere & de Vincennes, les Ter-

res , les Maisons , les Meubles & les
Pierreries qui le rendirent , avec ce qu'il
avoit déja , le plus grand Seigneur de
France. On dit même qu'il mit la main
sur les six millions qui étoient à la Fere,
& sur les deux qui étoient à Brisac , où il
alla peu de tems après la mort du Cardinal. Le Roi lui tint aussi parole sur le
Gouvernement de Bretagne , que le Cardinal mourant lui avoit encore demandé pour lui. Il ordonna au jeune Brienne deux heures après la mort du Cardinal d'en expedier les Provisions en faveur du Duc de Mazarin. Brienne lui
representa qu'il falloit avoir la démission
de la Reine Mere , qui étoit pourvûë de
ce Gouvernement. Le Roi lui dit d'attendre un moment ; & entra dans le Cabinet de la Reine Mere ; d'où étant sorti
aussi-tôt , il redit à Brienne d'expedier
toûjours les Provisions , sans parler de
démission, & de les porter à M. le Chancelier pour les sceller. Brienne prit encore la liberté de lui dire que M. le Chancelier feroit assurément difficulté sur la
démission ; alors le Roi prit cet air &
ce ton de maître , qu'il a toûjours eu
depuis , & qu'il n'avoit pas eu jusques-
là , & lui dit : *Je le veux , dites-le à M.*

le Chancelier , & m'apportez les Provi-
sions scellées demain à mon lever. Brienne & le Chancelier obéïrent ; & le Roi
mit le lendemain les Provisions entre
les mains du Duc de Mazarin. Mais
comme la Reine Mere ne voulut pas
donner sa démission , en disant : N'est-
ce pas assez d'honneur pour lui d'être
mon Lieutenant ; le Duc n'osa pas tirer
au bâton avec elle. Il rendit ses Provisions , & se contenta de sa Lieute-
nance Generale de Bretagne , qu'il avoit
déja.

Mais pour revenir au Cardinal mourant , le Roi & la Reine Mere lui tenoient compagnie assiduëment , & donnoient tous leurs soins à le divertir dans
ses maux. Les Medecins en avoient
mauvaise opinion. Il faisoit toûjours
bonne mine , suivant la politique de la
Cour , où pour bien faire , il ne faut
jamais être malade. Il vouloit qu'on le
crût en bonne santé , & se croyoit peut-
être lui-même dans le chemin de gue-
rir. Quinze jours avant sa mort , il voulut absolument se lever , & donna audiance à tout le monde. Le Comte de
Fuensald'agne Ambassadeur d'Espagne,
en le voyant , se tourna du côté de M.

le

le Prince , & lui dit avec gravité : *Señor repreſenta mui ben il deſunto Cardenal Mazarin.* Fuenſald'agne étoit Gouverneur des Païs-Bas , quand M. le Prince s'y retira ; il ne voulut jamais batailler, & diſoit : *El Señor Principe de Condé corre ſopre Cavallos praſtados.* Et ſur ce qu'un jour l'Armée d'Eſpagne en entrant en Picardie , fut obligée de faire halte, pour voir par où elle iroit : *Quoi ! s'é-cria-t-il , le Prince de Condé vient pour revolter la France , & il n'a pas un guide pour y entrer.* J'ai mis ces paroles en François , parce que je ne les ſçai pas en Eſpagnol. Le Cardinal Mazarin eût volontiers imité Cromvvel , s'il avoit été dans un païs de Fanatiques. Cromvvel prêt à entrer dans l'agonie , après avoir aſſuré hautement qu'il n'en mourroit pas , & que Dieu lui avoit fait connoître l'avenir , il avoüa ſon impoſture à ſes amis particuliers , & leur dit : *Si je gueris, me voila Prophete ; & ſi je meurs , que m'importe qu'ils me croyent un fourbe ?* Le Cardinal auſſi attaché à la vie preſente, n'en eût pas moins fait , pour impoſer au public, s'il avoit crû pouvoir en venir à bout : & ce fut peut-être dans cette penſée, que la veille de ſa mort , il man-

da à ma Mere par Bayes , fameux Mede-
cin , qu'il s'étoit souvenu d'elle dans
son Testament , quoiqu'il n'y eût pas
songé. Il continuoit cependant à donner
de son lit des ordres qui étoient executez. Il abusoit plus que jamais de la
souveraine Puissance, Il disposoit des
Charges ; il donnoit des Benefices. Le
Roi tendre & reconnoissant le laissoit
faire , dans la pensée que cela finiroit
bien-tôt. Il avoit déclaré le Marquis de
la Meilleraye grand Maître de l'Artillerie , son heritier principal , en lui faisant
prendre le nom de Mazarin ; & il lui
avoit donné Hortense la plus belle de
ses Nieces , avec tant de millions en argent , en terres , en maisons , en pierreries , qu'il avoit crû établir sa maison
sur des fondemens inébranlables , oubliant sans doute que le Cardinal de
Richelieu avoit eu le même dessein , &
n'y avoit pas réussi. Comme si la Provi-
dence par une justice prompte & severe
vouloit confondre toute la sagesse des
hommes , & faire voir pour la consolation des gens de bien , que les élevations
si subites ne durent gueres , quand elles
ne sont pas fondées sur l'innocence. Il
avoit balancé quelque - tems entre le

Grand-Maître & le Prince de Courte-
nai, qu'il eût fait reconnoître Prince du
Sang, s'il avoit été capable de soutenir
une si grande naissance. Il ne témoigna
pas se souvenir seulement des engagemens qu'il avoit pris il y avoit sept ou
huit ans avec la Duchesse de Boüillon.
Le peu d'empressement que M. de Turenne avoit montré pour ce mariage,
l'avoit piqué. Et M. de Turenne de son
côté voyant le froid de Son Eminence,
avoit fait le fier, & ne s'étoit donné aucun mouvement ; mais quand il vit que
la maladie étoit mortelle, il fit tout ce
qu'il put pour se raccommoder avec son
ami mourant. Il se presenta plusieurs
fois à la porte de sa chambre, & n'entra
point pendant que le Maréchal de Grammont étoit toute la journée au chevet
du lit du Cardinal. Il en parla à Ondondei, Evêque de Frejus, qui enfin la veille de la mort de Son Eminence, le vint
querir de sa part. Ils s'embrasserent cor-
dialement. Le Cardinal lui dit qu'il
avoit exhorté le Roi à n'oublier jamais
ses grands services ; & que connoissant
le cœur de Sa Majesté, il ne devoit pas
être en peine là-dessus ; que pour lui,
il sentoit une véritable joye de mourir

son serviteur & son ami. En disant cela, il tira de son doigt un Diamant de
mille pistoles qu'il lui donna, le priant
de le garder comme un gage de son
amitié. Puis voulant témoigner de la
fermeté en presence d'un des plus braves hommes du monde ; il lui dit qu'il
esperoit tout de la misericorde de Dieu ;
mais quand le monde, lui dit-il, en la-
tin, tomberoit en ruine, je ne trem-
blerois pas. Ils ne parlerent point de
leurs anciens engagemens ; mais on
m'a dit que l'Evêque de Frejus ayant
proposé au Cardinal le mariage de sa
niece Marie de Mancini avec M. de
Boüillon, le Cardinal presque agonisant n'avoit voulu écouter aucune proposition, & avoit dit seulement que sa
Niece ne demeureroit pas avec huit
cens mille livres d'argent comptant & le
Gouvernement d'Auvergne, sur lequel
le Roi lui donnoit un Brevet de retenuë
de cent mille écus : & effectivement,
l'année suivante, la Reine Mere la maria au Duc de Boüillon, qui étoit
sans contredit, le meilleur parti de
France.

J'ai oüi dire à M. le Tellier, que le
Cardinal avoit envie de donner sa Nie-

ce & tout son bien au Comte de Coligni après la Bataille de Dunes. Coligni qui avoit été pris prisonnier, ayant été mené à Calais, le Cardinal lui envoya M. le Tellier, pour lui proposer de quitter le service de M. le Prince, & de s'attacher à lui, avec ordre, s'il acceptoit le parti de bonne grace, de lui dire tout de suite que Son Eminence lui donnoit sa Niéce, & qu'il le déclaroit son heritier. Coligni répondit fiérement, qu'il n'abandonneroit point M. le Prince dans son malheur, & le Tellier ne se déclara pas davantage, mais cinq ou six ans après, lorsque le Roi nomma Coligni pour commander les six mille hommes qu'il envoyoit en Hongrie ; le Tellier, en lui donnant ses instructions, lui dit : Vous souvenezvous, Monsieur, de la visite que je vous fis à Calais. J'avois ordre de M. le Cardinal, si vous aviez voulu quitter le parti de M. le Prince, de vous dire qu'il vous choisissoit pour épouser sa Niece, & pour vous faire son heritier. J'ai fait mon devoir, lui répliqua Coligni, je ne pourrois m'en repentir.

Le Grand-Maître a voit épousé Hor-

tenfe , & avoit pris le nom de Mazarin.
Il étoit alors affez à la mode , chofe
étrange , que fa fortune l'ait accablé !
Il eût été fort honnête homme & fort
riche , s'il fût refté dans fon état naturel ; mais fon ame n'étoit pas faite pour
porter un fi grand poids d'honneur &
de richeffes. Une devotion mal-enten-
duë , le faifit & gâta tout. La tête lui
tourna bien-tôt. Il alla lui-même un
matin dans fa galerie caffer à coups
de marteau des Statuës antiques d'un
prix ineftimable , croyant faire une action heroïque. Et fur ce que Colbert
lui alla demander de la part du Roi , ce
qui l'avoit pouffé à faire une action fi
extraordinaire ; il dit que c'étoit fa confcience. *Mais , Monfieur,* reprit Colbert,
pourquoi avez-vous dans vôtre cham-
bre cette tapiff rie de Mars & de Ve-
nus. Ah ! Monfieur , lui dit le Duc
de Mazarin , *ce font des tapifferies de la*
Maifon de la Porte. Le Roi le plaignit ,
& le laiffa faire : mais il n'oublia pas
ce fait héroïque , & plus de quatre
ans après en vifitant les bâtimens du
Louvre , & voyant un marteau fur un
degré , il fe tourna vers Perrault , Controlleur des Bâtimens , & dit : Voilà une

arme dont le Duc de Mazarin se sert fort bien.

Ce pauvre homme depuis ce tems-là en faisant de bonnes œuvres, a trouvé le moyen de se faire mépriser de tout le monde. A force de vouloir faire justice, il ne l'a faite à personne. Il a eu trois cens procès, qu'il a presque tous perdus, non que le souvenir du Cardinal inclinàt ses Juges en faveur de ses Parties ; mais parce que dans le fonds il avoit tort, & qu'il n'a jamais voulu croire son conseil, en consultant néanmoins & payant bien cher les plus habiles Avocats. Il a toûjours agi sur un plaisant principe. *Je suis bien aise*, dit-il, *qu'on me fasse des procès sur tous les biens que j'ai eus de M. le Cardinal. Je les crois tous mal acquis ; & du moins quand j'ai un Arrêt en ma faveur, c'est un titre, & ma conscience est en repos.* Enfin, pour remplir la malediction que Dieu avoit jettée sur tant de richesses, qu'on peut dire véritablement le sang du peuple, il a trouvé le secret de se ruïner, quoi qu'ayent pû faire Colbert, Gaumont, & Belizani, les trois hommes du monde les moins dissipateurs, qui dans le commencement se faisoient un honneur d'abandonner leurs propres affaires pour avoir soin des siennes.

Cependant le Cardinal se sentoit défaillir à vûë d'œil. Ses douleurs qui étoient souvent fort aiguës, en minant son corps, n'attaquoient pas son esprit, il l'eut toûjours gai & tourné vers la plaisanterie : Et sur ce que Brayer, qui avoit la conversation fort agréable, lui dit en causant & sans songer à rien, qu'il paroissoit une Comete, il se l'appliqua aussi-tôt, & dit en s'humiliant, & acceptant l'augure : La comete me fait trop d'honneur. Il mourut enfin moins Chrétien que Philosophe, avec une constance admirable, & une tranquilité, qui lui venoit, à ce qu'il disoit lui-même, de l'innocence de sa vie passée. Il mourut dans la vision de se faire Pape ; & c'étoit peut-être dans cette pensée qu'il ne s'étoit jamais voulu naturaliser François. Il se voyoit assuré de la France, & avoit tiré parole de Dom Loüis de Haro, en faisant la Paix, que non-seulement l'Espagne ne lui donneroit pas l'exclusion, mais qu'elle le serviroit de toutes ses créatures, & de celles de l'Empereur, qui

ne faifoit alors que la même fonction.
Il prétendoit gagner les Cardinaux
Florentins par le mariage de Mademoifelle d'Orleans avec le Prince de Tof-
cane, & en promettant au Grand Duc
de lui faire accorder par le Roi les mêmes honneurs qu'au Duc de Savoye.
Il avoit gagné la Republique de Ve-
nife & fes Cardinaux, en lui envoyant
un grand fecours d'hommes & d'argent, fous la conduite du Prince Alme-
ric d'Eft. Il avoit fait d'une pierre deux
coups, & s'étoit défait de la plûpart des
troupes de M. le Prince, dont la fidelité lui étoit fort fufpecte. Mais pour
cacher fa mauvaife inclination, il y
avoit auffi envoyé fon Regiment Italien, fe fouciant peu de facrifier fes
amis, pourvû qu'il perdît fes ennemis.
Il fçavoit enfin que le Roi n'épargne-
roit rien pour le faire Pape, par amitié, par reconnoiffance, par gloire, &
peut-être même pour fe défaire hono-
rablement d'un Premier Miniftre qui
commençoit à lui être à charge. Ainfi
fans faire trop d'attention aux regles
canoniques, le Cardinal croyoit la chofe
fort poffible avec le fecours de trente
Abbayes & de quinze millions d'argent
comptant.

La mort du Cardinal Mazarin fit plaisir au petit peuple, qui croit toûjours gagner au changement. Il avoit fait la Paix, & promettoit des merveilles, mais ce n'étoit que des paroles d'un Ministre Italien. Les impôts n'étoient point diminuez, & sous le prétexte spécieux de rétablir les Finances, les choses alloient leur train ordinaire. On ne voyoit que spectacles publics, Balets mêlez de musique, carousels, feux d'artifice. La Cour étoit dans la magnificence exterieure, toute la misere étoit au dedans. On voyoit bien les fleurs de la Paix; mais on n'en avoit point encore goûté les fruits.

Les plus gens de bien trembloient pour l'Etat, qu'ils voyoient sans pilote : il ne leur entroit pas dans l'esprit que le Roi fût capable de gouverner, même qu'il voulût s'en donner la peine. Il étoit beau, bien fait, & n'avoit que vingt-deux ans. Les plaisirs venoient de toutes parts pour endormir sa vertu. Quelle apparence qu'il eût le courage de se charger du poids des affaires, & de passer ses plus beaux jours dans des discussions ennuyeuses ? Tous les raisonnemens politiques aboutissoient à chercher un homme qui prît le timon, à l'exemple des Cardinaux de Richelieu & de Mazarin ; & on ne voyoit personne en passe de faire ce personnage.

Il y avoit alors trois hommes sur le théatre des affaires ; Fouquet, le Tellier, & Lionne. J'y ajoûterai Colbert, qui fit bien-tôt après la principale figure. Je crois que pour l'intelligence de ce que j'ai à dire dans la suite, il est à propos de les faire connoître à fonds, & de les peindre trait pour trait, sans cacher la moindre de leurs bonnes & mauvaises qualitez.

Le portrait que je vais faire, sera d'autant plus ressemblant, qu'ils sont morts tous quatre, & que j'ai eu le tems de les connoître pendant leur vie. Fouquet est le seul que je n'ai connu que de visage ; mais j'ai oüi parler de lui à tant de gens d'esprit, sans préoccupation, en differens tems, en lieux differens, disant tous la même chose, que je crois le connoître aussi-bien que les autres. Au reste, je ne dirai pas ce qu'ils étoient & ce qu'ils sembloient être à la mort du Cardinal ; à peine les connoissoit-on ; ils se contraignoient alors pour parvenir à la fortune. Attentifs à ne se laisser voir que du bon côté, ils cachoient leurs mauvaises inclinations qui auroient pû leur faire tort. Mais dès qu'ils se virent dans le Conseil du Roi, décidant souverainement de la destinée de l'Europe, chacun se déclara. L'Ambitieux se distilla en projets, & eut l'insolence de dire, où ne monterai-je point ? L'Avare amassa de l'argent ; l'Orgüeilleux fronça le sourcil ; le voluptueux ne se cacha plus dans les tenebres.

Nicolas Fouquet avoit beaucoup de facilité aux affaires, & encore plus de négligence. Sçavant dans le Droit, & même dans les Belles-Lettres : sa conversation étoit legere, ses manieres assez nobles ; il écrivoit bien, & ordinairement la nuit à la bougie, dans son lit, sur son seant, les rideaux fermez. Il disoit que le grand jour lui donnoit de perpetuelles distractions. Il se flatoit aisément ; & dès qu'il avoit fait un petit plaisir à un homme, il le mettoit sur le rolle de ses amis, & le croyoit prêt à se sacrifier pour son service. Cette pensée le rendoit fort indiscret. Il écoutoit paisiblement, & répondoit toûjours des choses agréables ; ensorte que fans ouvrir fa bourfe, il renvoyoit à demi-contens tous ceux qui venoient à fon audiance. Il vivoit au jour la journée ; nulle mefure pour l'avenir, fe fiant aux promeffes de quelques Partifans, qui pour fe rendre neceffaires, lui faifoient filer les Traitez ; & tant qu'il fut Sur-Intendant, il ne vit jamais deux millions enfemble. Il fe chargeoit de tout, & prétendoit être premier Miniftre, fans perdre un moment de fes plaifirs. Il faifoit femblant de travailler feul dans fon cabinet à Saint-Mandé : & pendant que toute la Cour prévenuë de fa future grandeur étoit dans fon anti-chambre, loüant à haute voix le travail infatigable de ce grand homme, il defcendoit par un efcalier dérobé dans un petit Jardin, où fes Nymphes, que je nommerois bien fi je voulois, & même les mieux cachées, lui venoient tenir compagnie au poids de l'or. Il crut être le maître après la mort du Cardinal Mazarin, ne fçachant pas tout ce que ce Cardinal mourant avoit dit au Roi fur fon chapitre. Il fe flatoit d'amufer un jeune homme par des bagatelles, & ne lui propofoit que des parties de plaisirs , se voulant même donner le soin de ses nouvelles amours ; ce qui déplût fort au Roi, qui n'ayant alors de Confident que lui-même , se faisoit un plaisir du mystere ; & qui d'ailleurs allant au solide , vouloit commencer tout de bon à être Roi. Mais ce qui acheva de le perdre , c'est qu'il se laissa aller à des airs de superiorité sur les autres Ministres , qui en furent offensez , & se liguerent contre lui. Ils le firent bien-tôt donner dans le piege, en lui conseillant de vendre sa Charge de Procureur General du Parlement, pour en porter l'argent à l'Epargne ; ce qu'il fit comme un innocent , se mettant par là la corde au cou , mais croyant faire sa Cour à un jeune Prince , qui ne se contentoit pas de si peu de chose. Il étoit persuadé que les Rois étoient assez riches , pourvû que les peuples fussent dans l'abondance : maxime bonne en elle-même, qu'il outra en répandant à pleines mains l'argent du Roi, & lui laissant manger ses revenus deux ou trois ans par avance. Ses vûës particulieres lui faisoient négliger le bien de l'Etat. Il donnoit pour quatre millions de pensions à ses

amis de Cour , qu'il croyoit ſes créatures , & étoit d'aſſez bonne foi pour
compter ſur eux , & pour les juger capables de le ſoutenir dans un changement de fortune , qu'il croyoit fort poſ-
ſible. Il fit là-deſſus des projets de re-
volte , qui euſſent merité la mort , ſi le
ridicule n'en avoit adouci le crime. Ses
dépenſes prodigieuſes à Vaux ſuffiſoient
pour ſa condamnation ; mais la maniere
dont on ſe prit pour le perdre , ramena
les cœurs à ſon parti. Il étoit coupable,
mais à force de le pourſuivre contre les
formes , il attira ſes Juges en ſa faveur :
& ſon innocence prétenduë fut un effet
de la colere aveugle & précipitée de ſes
ennemis.

Michel le Tellier avoit reçû de la
nature toutes les graces de l'exterieur:
un viſage agréable , les yeux brillans,
les couleurs du tein vives , un ſourire
ſpirituel , qui prévenoit en ſa faveur.
Il avoit tout le dehors d'un honnête
homme : l'eſprit doux, facile, inſinuant.
Il parloit avec tant de circonſpection,
qu'on le croyoit toûjours plus habile
qu'il n'étoit ; & ſouvent on attribuoit
à ſageſſe ce qui ne venoit que d'igno-
rance. Modeſte ſans affectation , & ca-

chant fa faveur avec autant de foin
que fon bien. Une fortune éclatante
& la premiere Charge de l'Etat ne lui
firent point oublier que fon grand-
Pere avoit été Confeiller de la Cour
des Aides. Il ne fit jamais vanité d'une
belle & fauffe genealogie ; & il faut
rendre juftice à fes enfans, ils ont imité fa fageffe & fa modeftie fur ce point-
là , & n'ont point endoffé un ridicule,
fort ordinaire aux gens de nouvelle
fabrique. Mais auffi fe donna-t-il par-
là l'exclufion à la Pairie , lorfqu'il dit
au Roi , à l'occafion du Chancelier Seguier , qui vouloit être Duc de Ville-
mor , que ces grandes Dignitez ne con-
venoient point à des gens de Robe , &
qu'il étoit de la politique de ne les accorder qu'à la vertu militaire. Son Fils
aîné Louvois , par tous fes fervices qui
ont brillé long-tems , & prefque jufqu'à fa mort , n'a jamais pû effacer
de l'efprit de fon Maître ce petit mot,
que fon Pere avoit lâché , fans fonger
aux confequences. Il promettoit beaucoup , & tenoit peu ; timide dans les
affaires de fa famille , courageux &
même entreprenant dans celles de
l'Etat ; génie médiocre & borné , peu

propre

propre à tenir les premieres Places, où il payoit souvent de discretion ; mais assez ferme à suivre un plan, quand une fois il avoit été aidé à le former. Incapable d'en être détourné par ses passions, dont il étoit toûjours le maître ; régulier & civil dans le commerce de la vie, où il ne jettoit jamais que des fleurs ; c'étoit aussi tout ce qu'on pouvoit esperer de son amitié ; mais ennemi dangereux, cherchant l'occasion de frapper sur celui qui l'avoit offensé, & frapant toûjours en secret, par la peur de se faire des ennemis, qu'il ne méprisoit pas quelque petits qu'ils fussent. Il ne laissoit pas de sentir les obligations de son emploi, & les devoirs de sa Religion à laquelle il a toûjours été fidéle. Il s'écria du fond du cœur & avec sincerité peu de jours avant que de mourir, qu'il n'avoit point de regret à la vie, puisqu'il se voyoit assez heureux pour sceller la révocation de l'Edit de Nantes.

Hugues de Lionne, Gentilhomme de Dauphiné, avoit un esprit superieur. Son esprit naturellement vif & perçant s'étoit encore aiguisé dans les affaites où le Cardinal Mazarin l'avoit mis de bonne heure. Habile Négociateur, que la reputation d'une trop grande finesse avoit rendu presque inutile dans le commerce des Italiens, qui se défioient d'eux-mêmes, quand ils avoient à traiter avec lui. Avec beaucoup d'esprit & d'étude il écrivoit assez mal, mais facilement, ne se voulant pas donner la peine d'écrire mieux. Au reste, fort désinteressé, ne regardant les biens de la fortune, que comme des moyens de se donner tous les plaisirs; grand joüeur, grand dissipateur; sensible à tout, ne se refusant rien, même aux dépens de sa santé; paresseux, quand son plaisir ne le faisoit pas agir; infatigable, passant les jours & les nuits à travailler quand la necessité y étoit, ce qui arrivoit rarement; n'attendant aucun secours de ses Commis, tirant tout de lui-même, écrivant de sa main, ou dictant toutes les Dépêches, donnant peu d'heures dans la journée aux affaires de l'Etat; & croyant regagner par sa vie active le tems que ses passions lui faisoient perdre. Sa mort fut aussi chrétienne & penitente, que sa vie l'avoit été peu.

Il ne pouvoit trop souffrir , disoit - il tout haut , pour expier ses pechez ; & l'on vit en sa personne un exemple sensible de ces pretendus esprits forts , qui à la vûë des jugemens de Dieu , sont forcez à déposer toute leur fierté , & à reconnoître humblement les veritez de la Foi , qu'ils avoient combatuës avec violence.

Jean - Baptiste Colbert avoit le visage naturellement refrogné. Ses yeux creux , ses sourcils épais & noirs , lui faisoient une mine austere , & lui rendoient le premier abord sauvage & négatif : mais dans la suite en l'apprivoisant , on le trouvoit assez facile , expeditif , & d'une sureté inébranlable. Il étoit persuadé que la bonne foi dans les affaires en étoit le fondement solide. Une application infinie & un désir insatiable d'aprendre , lui tenoient lieu de science. Plus il étoit ignorant , plus il affectoit de paroître sçavant , citant quelquefois hors de propos des passages latins , qu'il avoit appris par cœur , & que ses Docteurs à gages lui avoient expliquez. Nulle passion depuis qu'il avoit quitté le vin ; fidéle dans la Sur - Intendance , où avant lui

on prenoit fans compter , & fans rendre compte. Riche par les feuls bienfaits du Roi , qu'il ne diffipoit pas , prévoyant affez , & le difant à fes amis particuliers, la prodigalité de fon Fils aîné.
Il envoya au Roi, avant que de mourir,
le memoire de fon bien , qui montoit
à plus de dix millions, & fit voir clairement que les appointemens de fes
Charges , & les gratifications extraordinaires avoient pû en vingt-deux ans
produire legitimement une fomme auffi confiderable que celle - là. Il fut le
reftaurateur des Finances , qu'il trouva en fort mauvais état à fon avenement au Miniftere. Efprit folide , mais
pefant , né principalement pour les Cal-
culs ; il débroüilla tous les embarras
que les Sur-Intendans & les Tréforiers
de l'Epargne avoient mis exprès dans les
affaires pour y pêcher en eau trouble ;
ne fit plus que deux chapitres , l'un
des revenus du Roi , & l'autre de fa
dépenfe. Il prefentoit au Roi tous les
premiers jours de l'an un *Agenda* , où
fes revenus étoient marquez en détail ,
& à chaque fois que le Roi fignoit des
Ordonnances , Colbert lui faifoit fouvenir de les marquer fur fon *Agenda*,

afin qu'il pût voir, quand il lui plairoit, combien il lui restoit encore de fonds ; au lieu que dans les tems passez il ne pouvoit jamais sçavoir ce qu'il avoit. Et lorsqu'il demandoit de l'argent, les Sur-Intendans lui disoient avec une franchise admirable : *Sire*, *il n'y en a point à l'Epargne, mais Son Eminence vous en prêtera.* Colbert satisfait d'avoir par sa capacité remis l'abondance dans les coffres du Roi (ce qui n'est pas fort difficile dans un tems de Paix, losqu'on diminuë la dépense, & qu'on ne diminuë point la recette) s'abandonna à des projets sur le commerce, dont il ne prit les desseins que dans son imagination. Il crut que le Royaume de France se pourroit suffire à lui-même, oubliant sans doute que le Createur de toutes choses n'a placé les differens biens dans les differentes parties de l'univers, qu'afin de lier une societé commune, & d'obliger les hommes par leurs inte-rêts à se communiquer reciproque-ment les tresors qui se trouveroient dans chaque Païs. Il parla à des Mar-chands, & leur demanda en Ministre les secrets de leur métier, qu'ils lui dissimulerent en vieux Négocians. Tou-

jours magnifique en idées , & presque
toûjours malheureux dans l'execution ,
il croyoit pouvoir se passer des soyes du
Levant , des laines d'Espagne, des draps
de Hollande , des tapisseries de Flandres , des Chevaux d'Angleterre & de
Barbarie. Il établit toutes sortes de Ma-
nufactures , qui coûtoient plus qu'elles
ne valoient. Il fit une Compagnie des
Indes Orientales , sans avoir les fonds
nécessaires ; & ne sçachant pas que les
François impatiens de leur naturel ; &
en cela bien differens des Hollandois ,
ne pouvoient jamais avoir la constance de mettre de l'argent trente ans durant dans une affaire , sans en retirer
aucun profit , & sans se rebuter ; enfin pour faire voir à toute la Terre à
quel point il sçavoit mal prendre ses
mesures , il envoya la Haye aux Indes
Orientales avec six vaisseaux de Guerre , affronter les Hollandois qui en ont
plus de cinquante , & qu'ils n'eurent pas
grand peine à les lui enlever tous l'un
après l'autre. Il étoit mal servi les premieres années par ses Commis, la plûpart fripons , ou ignorans, quoiqu'il
eût pour eux une severité insupor-
table. Il n'y avoit chez lui rien de bien

fait que ce qu'il faisoit lui-même, &
il ne faisoit rien qu'à force de travail.
La Nature ne lui avoit pas été liberale. Peu exact à répondre aux questions
qui lui étoient proposées par les Intendans des Provinces lorsqu'il ne s'agissoit
pas d'argent, il fut uniquement at-
tentif à fournir les sommes immenses
qu'on lui demandoit tous les jours,
sans avoir le courage de représenter
au Maître, qui apparemment n'en sçavoit rien, que le Peuple étoit dans la
misere, pendant qu'on ne parloit que
de Fêtes, de Ballets, & d'Illumina-
tions.

Il rétablit, ou, pour mieux dire, il
créa de nouveau la Marine, & la mit
sur le pied de bravoure & d'habileté,
où elle est à present ; mais ce ne fut
qu'avec des tresors souvent mal employez ; comme à Dunkerque, & peut-
être à Rochefort, où il voulut forcer
la Nature, qui est toûjours la plus forte. Toûjours plein du Roi, il ne songeoit qu'à l'éterniser dans la mémoire
des hommes. Les Médailles, les Statuës, les Arcs de Triomphes, tout ce
que l'Eloquence & la Poësie ont de plus
sublime, étoit mis en usage pour la

gloire de Loüis le Grand. Il n'épargnoit ni soins ni pensions pour gagner tous ceux que l'esprit & l'érudition distinguoient dans l'Academie Françoise, & dans toutes les parties de l'Europe. Il étoit fort innocent des Serpens & des Couleuvres que M. le Brun avoit fait mettre sur tous les volets du Louvre. Le Roi lui en fit pourtant une raillerie un peu amere ; & le pauvre homme tout éperdu, envoya chercher Perrault, Controlleur des Bâtimens, qui lui dit, sans hesiter, que sous le Soleil vainqueur, il avoit bien falu mettre le Serpent Pithon ; il lui ordonna d'écrire sur le champ une lettre où cette raison fût bien expliquée ; & dès le lendemain il montra la lettre au Roi, qui le railla encore d'avoir pris la chose si sérieusement ; mais enfin les Serpens furent ôtez, & ne sont plus sur les volets ; ils sont seulement demeurez en pierre de taille aux fenêtres des Galeries du Louvre, parce que pour les ôter il eût falu faire de furieux échaffaux & de la dépense, & que le peuple se seroit réjoüi aux dépens de qui il appartenoit. M. de Louvois qui sçavoit cette historiette, étant allé aux Invalides pendant qu'on y barboüilloit les mauvaifes peintures qui y font , fe mit dans une furieufe colere contre le Peintre , qui vouloit en le peignant auprès du Roi , attraper fa reffemblance : Non , non , lui dit-il , défigurez-moi tous ces vifages où vous avez pris tant de peine , & qu'on ne reconnoiffe que celui du Maître. M. le Brun s'eft moqué de cette politique en peignant la Gallerie de Verfailles.

Colbert fe piquoit d'une grande naiffance,& avoit là-deffus un furieux foible. Je ne fçai s'il avoit tort ou raifon ; je m'en rapporte aux Généalogiftes. Il fit enlever la nuit dans l'Eglife des Cordeliers de Reims une tombe de pierre , où étoit l'Epitaphe de fon grand-Pere , Marchand de Laine , demeurant à l'enfeigne du Long-vêtu , & en fit mettre une autre d'une vieille pierre , où l'on avoit gravé en vieux langage les hauts faits du Preux Chevalier Colbert , originaire d'Ecoffe. L'Archevêque de Reims m'a conté que quelque tems après la Cour ayant paffé à Reims , M. Colbert l'alla voir fuivi du Marquis de Seignelai fon fils , & des Ducs de Chevreufe & de Beauvilliers fes gendres ; & qu'a-

près une courte visite il remonta en carosse , & dit au cocher , *aux Cordeliers.*
L'Archevêque curieux envoya un Grison
voir ce qu'ils y faisoient ; & il trouva
M. Colbert à genoux sur la prétenduë
tombe de ses ancêtres , disant des sept
Pseaumes , & en faisant dire à ses gendres fort devotement. Il croyoit tromper tout l'univers , ajoûta le bon Archevêque ; & ce qui est plaisant , c'est que
M. de Seignelai étoit dans la bonne foi,
& se croyoit descendu des Rois d'Ecosse. Il avoit nommé un fils Edoüard , à
cause , disoit-il , que les aînez de sa maison en Ecosse avoient tous porté ce
nom là. Un Ministre m'a pourtant dit
que M. Colbert en frappant son fils
aîné avec les pincettes de son feu , (ce
qui lui est arrivé plus d'une fois ,) lui
disoit en colere : *Coquin , tu n'est qu'un
petit Bourgeois ; & si nous trompons le
public , je veux du moins que tu sçaches
qui tu es.* Mais ce qui passe tout ,
le même Archevêque de Reims , qui
est assez croyable , (il est trop grossier
pour n'être pas sincere ,) m'a dit que
Colbert avoit été assez insolent pour
dire au Roi qu'il étoit parent de Madame , & que peut-être le Roi en avoit

crû quelque chose. Il dit aussi à Messieurs de Malthe , qu'il les prioit d'examiner les preuves de son Fils le Chevalier avec la derniere rigueur. Ils le
firent aussi , & trouverent les parche-
mins de trois cens ans plus moisis qu'il
ne falloit. Cette chimere lui étoit mon-
tée à la tête dès les premieres lueurs
de sa fortune ; mais il outra la chose ,
la manifesta , & lui fit passer les mers ,
quand il se vit Ministre , & qu'il ne
trouva plus à son chemin que des com-
plaisans.

Dès que le Cardinal eut rendu l'esprit , le Roi passa dans l'antichambre ,
& dit au Maréchal de Grammont , qu'il
trouva sous sa main : Oh ! M. le Maréchal , nous venons de perdre un bon
ami ; le Maréchal ne répondit rien ,
& se mit à pleurer. Le Roi avoit raison. Le Maréchal de Grammont avoit
été favori des Cardinaux de Richelieu & de Mazarin , qui le connoissant également propre à la Guerre &
dans le Cabinet , l'aimoient tendrement , & le combloient de biens &
d'honneurs. Il avoit suivi le grand Condé dans la plûpart de ses expeditions
militaires ; & lorsque M. de Turenne

par ses grands services & par ses qualitez superieures à celles des autres hommes, fut devenu Maréchal General des Armées de France ; le Maréchal de Grammont fut envoyé à Francfort, où il ne put pas empêcher l'élection d'un Prince de la Maison d'Autriche, qui depuis tant d'années étoit en possession de l'Empire. Il signa la Ligue du Rhin entre le Roi & les Electeurs Ecclesiastiques & le Palatin ; Ligue qui empêcha les Allemans de secourir les Espagnols dans les Païs-Bas. Mais lorsque la Paix des Pyrennées fut signée, le Maréchal fut envoyé en Espagne pour faire la demande de l'Infante; ce qu'il fit d'une maniere magnifique & galante. Il fit son entrée à Madrid sur des chevaux de Poste, suivis de plus de cinquante jeunes Seigneurs François, pour montrer l'impatience qu'avoit le Roi de posseder la plus belle Princesse de l'Europe. Il préfera toûjours l'interêt de l'Etat à sa gloire particuliere ; & monta à la tranchée au Siege de Lille à la tête du Regiment des Gardes, dont il étoit le Colonel, quoique M. de Turenne son cadet commandât l'Armée. Exemple de magnanimité, qui depuis a été suivi par le Maréchal de Bouflers à la Bataille de Malplaquet.

Le Roi s'alla enfermer dans son cabinet, & y fit entrer le Tellier & Lionne, qui se trouverent là. Il envoya aussitôt le jeune Brienne à Saint - Mandé, chercher le Sur-Intendant, qu'il trouva dans le Parc venant à toute bride, fort en colere contre ses amis, qui ne l'avoient pas averti de l'extrêmité du Cardinal.

Fouquet, le Tellier, & Lionne étoient les trois Ministres dont se servoit le Cardinal. Fouquet étoit Sur - Intendant ; le Tellier, comme Secretaire d'Etat de la Guerre, avoit une connoissance entiere du Gouvernement ; & Lionne étoit Ministre d'Etat depuis qu'il avoit été aux Conferences de Francfort ; & quoiqu'il n'eût point de Charge, il faisoit depuis plusieurs années celle de Secretaire d'Etat des Affaires Etrangeres. Le Cardinal se plaignoit toûjours de lui, en disoit des choses désagréables, & ne pouvoit s'en passer. Toutes les Affaires Etrangeres étoient faites par lui, & ensuite portées au vieux Brienne, ou à son Fils,

qui étoient obligez de signer sans examiner. Colbert faisoit un personnage
caché. Le Cardinal l'avoit recommandé au Roi comme un homme de confiance ; bon Valet, qui ne songeroit
qu'à le servir , & ne penseroit point
à le gouverner. Le Roi donc pour la
premiere fois , tint le Conseil avec ses
trois Ministres ; Colbert ne fut admis
publiquement que long-tems après. Le
Conseil dura trois jours ; la Reine Mere
fut outrée de dépit de ce qu'on ne l'y
appelloit pas. Elle en parla assez haut :
Je m'en doutois bien , disoit-elle, qu'il
seroit ingrat , & voudroit faire le capable. La Beauvais , sa premiere Femme de Chambre , qu'elle aimoit fort ,
& qu'elle ne nommoit jamais que Cataut , la reprit un peu plus aigrement
qu'il ne lui convenoit. Elle avoit pris
depuis long-tems ces sortes de familiaritez avec sa Maîtresse , & l'y avoit accoûtumée. Cataut ne manquoit ni d'esprit , ni d'experience ; & d'ailleurs elle
avoit ses raisons pour prendre le parti du
Roi.

Après avoir tenu ce Conseil avec ses
trois Ministres , le Roi en tint un autre le lendemain , où il fit appeller le

Chancelier Seguier , & les Secretaires d'Etat, outre Fouquet, le Tellier & Lionne. Il leur dit en Maître, qu'ayant perdu le Cardinal Mazarin, sur qui il se reposoit de tout , il avoit résolu d'être à l'avenir son Premier Ministre , & qu'il ne vouloit pas qu'aucun d'eux signât la moindre Ordonnance & le moindre Passe-port , sans avoir reçû ses ordres. Chacun lui promit une obéïssance entiere, & pas un ne crut qu'il eût la force de faire tout ce qu'il disoit : il commença néanmoins à tenir le Conseil tous les jours avec les trois Minis-tres.

Le lendemain de la mort du Cardinal , l'Archevêque de Roüen , qui a été depuis Archevêque de Paris , vint trouver le Roi , & lui dit : Sire , j'ai l'honneur de Présider à l'Assemblée du Clergé de vôtre Royaume. Vôtre Majesté m'avoit ordonné de m'adresser à M. le Cardinal pour toutes les affai-res ; le voila mort , à qui Sa Majesté veut-elle que je m'adresse à l'avenir ? A moi , M. l'Archevêque , lui répon-dit le Roi : je vous expedierai bien-tôt. En effet, j'ai oüi dire plusieurs fois à l'Archevêque, qu'il ne comprenoit pas

L iiij

dans les commencemens où le Roi avoit pris toutes les connoissances qu'il avoit.

Le Conseil des Finances étoit alors composé de deux Controlleurs Généraux, de deux Intendans, & du Sur-Intendant, qui regloit tout à sa fantaisie, se contentant de payer aux autres de bons appointemens. Les Finances se gouvernoient ainsi sous le Cardinal Mazarin, qui en disposoit avec une autorité absoluë. Il arrivoit pourtant quelquefois de petites disputes. Un jour Marin, Intendant des Finances envoya signer au vieux Brienne l'état general pour chaque Generalité. Brienne ne voulut point le signer, & dit que l'ordre étoit d'envoyer l'état general aux Intendans des Provinces, pour avoir leur avis sur ce que leur Generalité pouvoit payer pour sa part ; & que six mois après on faisoit l'état particulier de distribution. Marin lui manda que c'étoit la volonté de Son Eminence. Brienne signa, en disant : voila dequoi faire mon procès.

Le Roi ne fit d'abord aucun changement aux Finances. Le Cardinal avoit ordonné en mourant, qu'on chas-

sât le Tellier Intendant des Finances,
& qu'on donnât sa Charge à Colbert
pour deux cens mille livres. Mais le Sur-
Intendant ayant trouvé que dans la
justice il falloit six cens mille livres
pour rembourser le Tellier ; & l'argent
étant rare, il proposa au Roi de créer
une troisiéme Charge d'Intendant pour
Colbert, qui fut ravi de ne point donner deux cens mille livres. A peine fut-
il dans le Conseil, qu'il en voulut presque être le maître. Le Roi y assistoit,
& les Secretaires d'Etat y rapportoient
souvent des affaires. Un jour que le
jeune Brienne rapportoit celle de l'E-
vêque de Geneve contre les Magistrats
de sa Ville, à qui il demandoit trois
ou quatre mille livres de rente, qu'ils
avoient accoûtumé de payer à ses Pré-
decesseurs ; Colbert l'interrompit, en
disant avec chaleur & hauteur, que
le Roi ne vouloit point fâcher Messieurs de Geneve, & qu'il aimoit mieux
faire une gratification à l'Evêque. Brienne s'arrêta tout court, & laissa évapo-
rer la bile de Colbert ; il demanda ensuite au Roi, s'il continueroit à rapporter l'affaire, & le Roi lui dit : Nous
en avons de plus pressées, ce sera pour

une autrefois. Le bon-homme Brienne qui étoit prefent , fut fort en colere de ce qu'on avoit interrompu fon
Fils : & le Tellier au fortir du Confeil lui dit : Vous voyez fur quel ton
le prend le Sieur Colbert ; il faudra
compter avec lui. Le Tellier aimoit le
jeune Brienne ; il s'étoit joint au Maréchal de Villeroy , pour lui faire avoir
la furvivance de la Charge de fon Pere.
Il lui donnoit fouvent des confeils , &
il l'avoit fait inftruire par fon premier
Commis : il fe nommoit M. le Roi ,
coufin de mon Pere & mon Parain. C'é-
toit un homme d'une vertu confommée,
qui n'étoit pas fur le pied que font prefentement les Commis. Il étoit fort
eftimé du Cardinal , & eût été Secretaire d'Etat , fi M. le Tellier eut manqué. J'ai oüi dire qu'il étoit mort fort
à propos , & qu'il commençoit à cau-
fer quelque jaloufie dans la maifon. Le
Tellier à quelques jours de-là , crut
avoir fujet de fe plaindre du jeune
Brienne. Le Roi dit dans fon Confeil,
où il n'y avoit que Fouquet, le Tellier & Lionne, qu'il vouloit abfolument
que Lionne continuât à faire les Affaires Etrangeres, & qu'il falloit bien

que Messieurs de Brienne obéïssent à l'ordinaire. Fouquet reprit la parole, & dit qu'il répondoit du jeune Brienne. Le lendemain Boucherat, Maître des Requêtes , qui est devenu Chancelier , vint trouver Brienne son ami, & son parent, lui rapporta le discours de Fouquet au Conseil ; & lui dit que M. le Tellier étoit fort en colere, de voir qu'il eût pris des mesures avec son ennemi. Brienne tout en courant alla trouver le Tellier , & lui conta ingenument , qu'après la mort du Cardinal, Fouquet lui avoit fait demander son amitié par Langlande leur ami commun, & qu'il lui avoit fait payer seize mille livres , sur quarante qui lui étoient duës de ses pensions ; mais qu'il n'y avoit entr'eux aucune liaison particuliere. Le Tellier parut content, & lui dit : Si vous n'avez point tort, comme je le crois , Monsieur le Sur-Intendant est bien indiscret ; mais ce n'est pas chose nouvelle.

Le Conseil Privé , ou Conseil des Parties , avoit été remis sur le bon pied depuis trois ou quatre ans. Ce grand nombre de Conseillers d'Etat , que la licence des Guerres Civiles avoit introduits, sans qualité & sans merite, avoit été reformé. On n'avoit conservé que douze Conseillers d'Etat ordinaires, & quatorze Semestres, qui ont été depuis reduits à douze. On mit aussi trois Conseillers d'Etat d'Epée, & trois d'Eglise, tous six ordinaires. Mon Pere avoit eu beau representer ses services & son ancienneté, il n'avoit pû obtenir qu'une place de Semestre. Il avoit eu des Lettres de Conseiller d'Etat en 1622. & en 1639. au retour d'Allemagne, où il avoit fait plusieurs Traitez avec differens Princes. Il avoit pris sa place au Conseil comme Semestre; on l'avoit fait ordinaire en 1643. & comme il étoit Lieutenant General, il prit son rang de 1622. malgré l'opposition de M. d'Aligre, qui a été depuis Chancelier, & de vingt autres Conseillers d'Etat, à qui il passa sur le corps. Les choses changerent après les Guerres de Paris ; & lorsque Monsieur se retira à Blois, mon Pere pensa être chassé. Le Cardinal l'accusoit d'avoir voulu faire révolter le Languedoc. Enfin, il fut trop heureux de se contenter de ce qu'on voulut bien lui donner. Il avoit pourtant toûjours été dans les interêts du Roi, préférablement à ceux de Monsieur ; mais il n'avoit pas cultivé le Cardinal. Il avoit passé sa vie dans les Intendances de Provinces ou d'Armées , & même dans les Ambassades. C'étoit lui qui avoit traité avec la fameuse Landgravine de Hesse. On lui avoit donné pouvoir dans ses Instructions de lui accorder jusqu'à quatre cens mille écus , & il n'en avoit cedé que deux cens : & n'ayant à livrer que du Papier , dont la Landgravine ne se payoit pas , il avoit été en Hollande emprunter les deux cens mille écus sur son credit , dont il n'avoit été remboursé que six ans après. Cette petite injustice (si pourtant j'ose parler ainsi) qu'on a faite à mon Pere , révolta fort ma Mere contre les Princes subalternes ; & son dépit fut poussé à bout , lorsqu'à la mort de Monsieur elle perdit la Charge de Chancelier , qui lui avoit coûté cent mille écus. Elle ne cessoit de prêcher à ses Enfans qu'il ne falloit jamais s'attacher qu'au Roi ; & dans son Testament elle nous le recommandoit sur toutes choses. Le Conseil Privé demeura sous la direction du Chancelier , & le Roi n'y assista que rarement , & seulement dans certaines affaires , où l'interêt de l'Etat sembloit le demander.

Je crois qu'il est assez à propos de remarquer ici que dans le Conseil , les Ministres ont toûjours été assis en presence du Roi , & même dans le Conseil des Finances , parce qu'il faut être à son aise pour écrire , compter & calculer. Il n'y a que le Conseil des Dépêches où tout le monde étoit debout , jusqu'à ce que le Chancelier le Tellier ayant demandé au Roi un petit placet , à cause d'un mal de jambe , Sa Majesté lui permit de s'asseoir , & accorda la même grace au Maréchal de Villeroy Chef du Conseil Royal. Les Princes y sont assis , mais Monsieur n'entre que dans le seul Conseil des Dépêches ; le Roi , malgré l'amitié qu'il a pour son Frere , s'étant fait une Loi de conserver un secret inviolable dans les affaires de l'Etat. Monseigneur depuis quelques années entre dans tous les Conseils ; & on l'a éprouvé plusieurs fois & reconnu fort secret.

Lorsque le Roi prit de nouveaux Ministres après la mort de M. de Louvois ; il leur dit qu'il n'y auroit point de rang entre eux : & s'étant mis au bout d'une table longue , il fit mettre Monseigneur lui-même à sa gauche , & à sa droite M. de Croissy , & ensuite M. le Pelletier , M. de Pomponne se mit au-dessous de Monseigneur , & au-dessous de lui M. de Pontchartrain.

Mais revenons en 1661. Le Roi après avoir tenu ses Conseils à la vûë du Public , en tenoit un secret avec Colbert tout seul. On dit que le Cardinal mourant lui avoit conseillé de se défaire de Fouquet , comme d'un homme sujet à ses passions , dissipateur , hautain , qui voudroit prendre ascendant sur lui-même ; au lieu que Colbert plus modeste & moins accredité , seroit prêt à tout , & regleroit l'Etat comme une maison particuliere. On dit même qu'il ajoûta ces mots (& M. Colbert s'en vantoit avec ses amis) je vous dois tout , Sire , mais je crois m'acquitter en quelque façon en vous donnant Colbert. Il ajoûta que pour le Tellier , son esprit sage & timide le devoit faire aimer sans le faire craindre : & que pour Lionne il falloit le regarder comme le seul qui sçût les affaires étrangeres ; s'en servir par necessité en lui tenant toûjours la bride haute, de peur qu'il ne s'échapât, & ne lui confier que les affaires qui regardoient son emploi.

Colbert depuis trois mois avoit vendu sa Charge de Secretaire des Commandemens de la Reine. Brisacier, à qui on venoit de rembourser la moitié de sa Charge d'Intendant des Finances, l'avoit achetée cinq cens mille livres, & vingt mille livres de pot-de-vin à Madame Colbert, croyant faire sa cour au Cardinal & à Colbert, qui bien-tôt après lui en témoigna sa profonde reconnoissance, en lui ôtant d'un trait de plume plus de cinquante mille livres de rente, qu'il avoit en bon bien sur le Roi ; & trouva le moyen, en ne lui faisant payer que cent mille écus, de le rembourser pleinement par ses imputations. Son fils Brisacier le Polonois, dont je rapporterai quelque jour les avantures romanesques, n'a jamais retiré que deux cens mille livres de sa Charge ; & son neveu l'Abbé Brisacier qui depuis trente ans travaille dans les Missions, & mene une vie exemplaire, n'a, pour le faire souvenir de la fortune de sa famille, qu'une Abbaye de

huit

huit mille livres de rente, quoiqu'il soit aussi neveu du vieil Abbé Brisacier, qui pendant plusieurs maladies de l'Evêque de Rhodez, eut l'honneur de faire la fonction de Precepteur du Roi.

Le Cardinal avoit vendu presque toutes les Charges de la Reine. Le seul Colbert avoit eu celle de Secretaire des Commandemens pour récompense de service, & songea à en acheter une de Président des Comptes. Il en offrit sept cens mille livres au Président de Pontchartrain ; mais ayant appris que toute la Chambre en murmuroit, & menaçoit hautement de lui faire cent difficultez à sa reception, il n'y songea plus, & garda pour ces Messieurs un maltalent, qu'il leur a bien fait sentir dans la suite de son ministere.

On croit qu'une des choses qui gâta autant Fouquet dans l'esprit du Roi, fut une querelle qu'il eut dans l'antichambre du Cardinal deux mois avant sa mort, avec l'Abbé Fouquet son frere. Cet Abbé étoit fort insolent de son naturel, & prétendoit que son Frere lui devoit sa fortune. Ils s'étoient broüillez, & se dirent publiquement tout ce que leurs ennemis pen-

soient dans le cœur. L'Abbé entre
autres choses reprocha à son Frere,
qu'il avoit dépensé quinze millions à
Vaux, qu'il donnoit plus de pensions
que le Roi, & qu'il avoit envoyé tantôt trois, tantôt quatre mille pistoles
à des Dames qu'il nomma tout haut.
Le Sur Intendant piqué au vif, reprocha à l'Abbé les dépenses excessives
qu'il avoit faites pour faire l'agréable
auprès de Madame de Chatillon, &
fort inutilement. Le Cardinal fut instruit par l'Abbé même de ce qui s'é-
toit passé ; & selon les apparences, il se
servit de cette petite avanture pour
achever de perdre Fouquet dans l'esprit du Roi. Ce Prince après avoir fait
rendre au Cardinal tous les honneurs
imaginables, commença à executer ses
dernieres volontez. Il consentit que
Mancini son neveu, prît la qualité de
Duc de Nevers, & lui donna le Gouvernement du Païs d'Aunis. Il fit ensuite
expedier des Brevets à tous ceux à qui
Son Eminence avoit destiné les Benefices vacans. L'Abbé de Tonnerre fut
nommé à l'Evêché de Noyon ; le Maître Docteur de Sorbonne, à celui de
Condom ; l'Abbé de Nesmond, à celui

de Bayeux ; l'Abbé Colbert , à celui de Luçon ; Fabri, à celui d'Orange ; Ondondei Evêque de Frejus , à celui d'Evreux, qu'il n'accepta pas. Le Chevalier de Vendômé eut les Abbayes de S. Victor de Marfeille , de S. Honorat de Lerins , de Cerify , de S. Manfvy de Toul , & d'Yvry. Le Prince Philippe de Savoye eut Corbeil , le Gard , & S. Medard de Soiffons. Le Cardinal d'Eft eut les Abbayes de S. Vaft d'Arras , de Moiffac , de Haune - Combe & de Cluny. Le Cardinal Manchini eut les Abbayes de S. Lucien de Beauvais , de S. Martin de Laon , de la Chaize-Dieu , & de Preaux. Et il ne faut pas s'étonner que le Roi laiffât au Cardinal mourant la diftribution de tant de Benefices , puifque nous avons vû arriver prefque la même chofe au Pere Ferrier agonizant. Ce Pere envoya au Roi la veille de fa mort , la feüille des Benefices vacans , remplie des noms de ceux qu'il croyoit les plus dignes ; & j'ai ouï dire , que Sa Majefté y avoit changé peu de chofe. Il y avoit pourtant cinq ou fix Evêchez à donner , feize Abbayes , & plus de cent Prieurez, Canonicats, ou Chapelles. Et la preuve de ce grand credit qu'avoit le Pere Ferrier, la voici.

Huit jours avant sa mort, il manda à l'Evêque de Marseille, qui étoit en Pologne, qu'il lui donnoit l'Archevêché de Sens : mais six jours après il lui fit écrire, qu'il ne pouvoit pas lui tenir parole, & que se sentant prêt à mourir, il se croyoit obligé en conscience de mettre à Sens un Evêque qui fût en état de resider ; & effectivement il mit sur la liste Corbon Archevêque de Toulouse, qui fut transferé à Sens. J'ai sçu ces particularitez de Parette neveu du Pere Annat, que le Pere Ferrier avoit chargé d'écrire à l'Evêque de Marseille. L'Evêque de Bayeux m'a conté que lorsqu'il fut nommé (ce fut dix ou douze jours avant la mort du Cardinal) M. le Tellier dit au President de Nesmond son Pere, il faut que vous alliez remercier le Roi, & lui presenter vôtre Fils ; c'est une nouvelle manœuvre, mais M. le Cardinal le souhaite, & se meurt. Ils y allerent, & le Roi dès la premiere fois leur parla de ce ton de Maître, qu'il a toûjours eu depuis. Je crois, dit-il au President, que vôtre Fils fera son devoir ; on m'en a dit beaucoup de bien. Il m'a conté aussi que M. le Tellier avoit assuré à son Pere , que le Roi lui avoit dit quatre jours avant la mort du Cardinal , je veux gouverner par moi-même, assister reglément au Conseil, entretenir les Ministres les uns après les autres , & je suis résolu de n'y pas manquer un seul jour , quoique je prévoye qu'à la longue cela deviendra ennuyeux. M. le Tellier alla tout courant le dire à la Reine Mere, qui lui rit au nez, en lui disant : En bonne foi , M. le Tellier , qu'en croyez-vous ? La suite fera bien voir qu'elle auroit dû connoître un peu mieux ce Prince vrayement né pour gouverner les hommes.

Fin du II. Livre.

MEMOIRES
POUR SERVIR
A
L'HISTOIRE
DE
LOÜIS XIV.

❖❖❖❖❖❖❖❖❖❖❖❖❖❖❖❖❖❖❖❖❖❖❖❖

LIVRE TROISIE'ME.

E Roi donna à la récommandation de la Reine Mere, la Capitainerie de Saint-Germain en Laye au Marquis de Richelieu, qui avoit épousé par amour une Fille de la Beauvais. Il songea ensuite à pratiquer tout de bon les leçons du Cardinal ; mais ne fe voulant pas fier abfolument à ce qu'il lui avoit dit, il fe réfolut à en juger par lui-même, & dit en particulier au Sur-Intendant, qu'il vouloit enfin être Roi, & prendre une connoiffance exacte & parfaite de fes affaires ; qu'il commenceroit par les Finances, comme la chofe la plus importante, pour tâcher de les rétablir, & d'y mettre un bon ordre ; qu'il n'y avoit que lui en France qui pût l'en inftruire ; qu'il le conjuroit de le faire fans déguifement ; qu'il fe ferviroit toûjours de lui, pourvû qu'il le reconnût fincere ; que le paffé étoit paffé & oublié, mais qu'il prît garde à ne lui point dire une chofe pour l'autre. Fouquet protefta de fa fincerité, & commença dès le lendemain à parler au Roi de fes affaires. Il lui expofoit nettement toutes fes dépenfes, & entroit fur cet article-là dans un fort grand détail. Beaucoup plus refervé fur la recette, dont il avoit peine à lui découvrir toutes les fources, prévoyant affez que s'il difoit tout, il ne feroit bien-tôt plus neceffaire. Il avoit tenu un petit confeil avec fes plus intimes amis ; & leur

avoit rapporté le discours du Roi. De
Lorme, Bouchard, & Pelisson qui
étoient de ce conseil, lui firent remarquer que dans ce discours du Roi, il
paroissoit beaucoup de fermeté & de
bonté ; & qu'il seroit peut-être dangereux de ne lui pas dire les choses
comme elles étoient ; mais il se moc-
qua d'eux, les assurant que ces premieres velleïtez de gouverner, ne seroient pas long-tems dans l'esprit d'un
jeune Roi, entraîné par ses passions ; &
qu'il n'y avoit gueres d'apparence qu'il
pût soutenir huit heures par jour des
occupations si désagréables ; lui que
les plaisirs entouroient & appelloient
de tous côtez. Il donna au Roi des
états de sa dépense, qu'il grossissoit, &
de ses revenus qu'il diminuoit, faisant les choses encore pires qu'elles
n'étoient. Le Roi montroit tous les soirs
ces états à Colbert, qui lui en faisoit
remarquer les faussetez. Le Roi insis-
toit le lendemain avec Fouquet, sans
pourtant vouloir paroître trop instruit ;
& Fouquet insolent persistoit dans le
mensonge. Cette épreuve plusieurs fois
réiterée, determina enfin le Roi à perdre Fouquet. C'est de Pelisson & de
Parette

Parette que je tiens ces particularitez. Il concerta avec Colbert les moyens de le faire avec sûreté.

Après avoir mis Colbert dans le Conseil des Finances, pour examiner de plus près la conduite de Fouquet, dont l'heure n'étoit pas encore venuë, il songea à la distribution des Benefices. Il fit un Conseil de Conscience composé de Pierre de Marca Archevêque de Toulouse, de Hardoüin de Perefixe Evêque de Rhodez, qui avoit été son Précepteur ; & du Pere Annat Jesuite, son Confesseur, homme illustre, qui n'a jamais rien fait pour ses parens, & qui trouvant le poids trop pesant, s'en déchargea sur le Pere Ferrier , & eut l'honneur & la consolation de mourir simple Religieux. La Reine Mere pressa tant le Roi , qu'il donna aussi une place dans le Conseil de Conscience à la Motte Houdancourt Evêque de Rennes , son grand Aumônier ; mais il n'y demeura pas long-tems. C'étoit une tête de fer , grand Theologien , bon Canoniste , de mœurs irreprochables , digne enfin du poste qu'il occupoit dans l'Eglise , si une avarice sordide n'eût pas effacé toutes ses bon-

nes qualitez. Il faisoit enrager les autres ; & le Roi pour s'en défaire lui donna l'Archevêché d'Auch , où il alla rési-
der. On examinoit dans le Conseil de
Conscience tous les Sujets l'un après l'autre. Il étoit difficile d'y faire passer son
ami dans la foule. Le mérite y étoit dis-
cuté severement par trois ou quatre
hommes , qui ne s'accordoient pas toûjours ; & par-là le Prince voyoit la verité ; au lieu que quand tout est à la main
d'un seul , il lui est fort aisé d'insinuer
ce qui lui plaît , de rompre le cou à des
gens qui n'on personne pour les dé-
fendre , & de faire oublier les indiffe-
rens.

Aussi-tôt après la mort du Cardinal ,
le Roi étoit revenu à Paris , & y avoit
assisté au mariage de Marie Mancini
avec le Connêtable Colonne. Il lui fit
des presens magnifiques , & la vit partir sans émotion , ne se souvenant plus
du feu passager qu'autrefois elle avoit
allumé dans son cœur. La Connêtable n'étoit pas de même ; & plus de
dix ans après , lorsqu'elle quitta son
mari , se sauva de Rome , & vint en
France , elle croyoit que le Roi l'aimoit
encore ; & fut fort étonnée de la dé-

fenſe qu'il lui fit faire de venir à la Cour. Elle partit fort mécontente de tout le monde ; du Cardinal ſon oncle , qui ne lui laiſſoit que cinq ou ſix cens mille écus , & qui l'avoit desheritée , diſoit-elle , pour donner ſon bien à un Etranger ; de ſes Sœurs, qu'elle mépriſoit & haïſſoit ; de Colbert , qu'elle n'avoit jamais pû ſouffrir ; & enfin du Roi, qui la laiſſoit partir ſans ſe ſoucier d'elle. C'eſt ainſi qu'elle parloit , & aſſez publiquement.

Quelques jours après ſe fit au Palais-Royal un Mariage plus important. Monsieur , Frere unique du Roi, épouſa Anne-Henriette d'Angleterre , Princeſſe dont l'eſprit , les agrémens , & ſi j'oſe le dire , les manieres galantes me fourniront beaucoup de matiere dans la ſuite. Monſieur venoit d'avoir pour Appanage les Duchez d'Orleans , de Valois , & de Chartres , avec Montargis. Il a eu depuis le Duché de Nemours.

Le Mariage de Madame d'Orleans avec le Prince de Toſcane ſe fit auſſi , & le Roi lui donna trois cens mille écus; mais on ne parla point des nouvelles prétentions du Grand Duc , il fut traité

à l'ordinaire : le Cardinal Mazarin ne
pouvoit plus l'appuyer de son crédit.
La Princesse étoit belle comme un Ange , & n'avoit pas envie d'aller si loin.
Aussi eut-elle peine à consentir à ce
mariage. Elle avoit crû épouser le
Prince Charles de Lorraine qui lui
avoit fait l'amour. Pendant tout l'hiver on joüoit tous les jours au Luxembourg à de petits jeux , à Colin-Maillard ; point de cartes , ce n'étoit point
la mode , on rioit cent fois davantage ;
il y avoit des violons , mais ordinairement on les faisoit taire pour danser
aux chansons. L'affaire avoit été fort
avancée ; mais la vieille Mademoiselle
avoit tant parlé & chucheté , qu'elle
avoit tout rompu. Elle étoit au desespoir que ses Sœurs cadettes & gueu-
ses auprès d'elles , se mariassent à sa barbe. La Princesse de Toscane fut ré-
galée à Fontainebleau , & traitée jusqu'à Marseille par les Officiers du Roi.
La Duchesse d'Angoulême l'accom-
pagna jusqu'à Florence , où elle arriva dans l'intention de faire enrager
Mari & Belle-mere , en quoi on peut
dire qu'elle réussit admirablement. Il
me souvient qu'elle commença par

garder son cachet de fille , ne voulant pas , disoit-elle , mêler les Fleurs de Lys, avec ces petits ronds Florentins ; c'étoit bien debuter. Nous verrons dans la suite de ces Memoires qu'elle en a bien fait penitence.

Malgré les dépenses extraordinaires , & le mauvais état des Finances , le Roi ne laissa pas de diminuer les Tailles de trois millions pour l'année 1662. dans la résolution de faire davantage pour le soulagement de ses Peuples , dès qu'il le pourroit. Il alla à Fontainebleau le 20. d'Avril, & y reçût l'hommage que lui fit le Duc de Lorraine pour le Duché de Bar. Il lui avoit rendu la Lorraine par generosité , quoique ce Prince n'eût pas été compris dans le Traité des Pyrennées. Il donna en même-tems le Gouvernement du Païs Messin & du Verdunois au Maréchal de la Ferté, pour le récompenser du Gouvernement de Lorraine qu'il lui ôtoit. Ce Maréchal, quoiqu'un peu brutal, l'avoit bien servi dans la derniere Guerre , & ne s'étoit pas enrichi autant qu'on le disoit.

Le Roi étoit tous les jours cinq ou six heures dans ses Conseils , & entretenoit souvent ses Ministres en particulier, pour voir s'ils lui disoient les mêmes choses, que lorsqu'ils étoient ensemble. Il se faisoit lire toutes les Lettres des Ambassadeurs, & y répondoit lui-même : mais cela ne l'empêchoit pas de donner toutes sortes de divertissemens à sa Cour. Il avoit fait agrandir le canal de Fontainebleau ; & il s'y promenoit tous les jours en caleche avec Madame, & quelques autres Dames. La Reine étoit grosse, & s'y faisoit porter en chaise. Les Courtisans étoient à cheval, & il y avoit souvent des parties de Chasse l'après dînée, & le Bal le soir. On y donna le Ballet des saisons, où le Roi representoit le Printems, accompagné des jeux, des ris, de la joïe & de l'abondance. Il y dansa avec cette grace qui accompagnoit toutes ses actions & cet air de Maître, qui même sous le masque, le faisoit remarquer entre les Courtisans les mieux faits. Le Comte d'Armagnac, & le Marquis de Villeroi ne lui faisoient point de tort. Il étoit alors fort amoureux de Mademoiselle de la Valliere, & d'autant plus touché, qu'il en faisoit encore un mystere presque impenetrable. Heureux dans sa foiblesse s'il avoit toûjours gardé une pa-

reille conduite ; & si par une vaine os-
tentation de ses plaisirs, il n'eut point
donné de scandale. Mais nous en parle-
rons dans son tems, & nous dirons pour
l'excuser un peu, qu'il fut dans la suite
comme forcé, par la trahison du Marquis de Vardes à faire un éclat, dont sa
conscience souffrira jusqu'au dernier moment de sa vie.

Mademoiselle de la Valliere n'étoit
pas de ces beautez toutes parfaites,
qu'on admire souvent sans les aimer.
Elle étoit fort aimable ; & ce Vers de la
Fontaine,

Et la grace plus belle encor que la Beauté,
semble avoir été fait pour elle. Elle
avoit le teint beau, les cheveux blonds,
le sourire agréable, les yeux bleus, &
le regard si tendre, & en même-tems si
modeste, qu'il gagnoit le cœur & l'estime au même moment ; au reste assez peu
d'esprit, qu'elle ne laissoit pas d'orner tous les jours par une lecture continuelle. Point d'ambition, point de
vûës ; plus attentive à songer à ce qu'elle aimoit, qu'à lui plaire ; toute ren-
fermée en elle-même, & dans sa passion,
qui a été la seule de sa vie ; preferant
l'honneur à toutes choses, & s'expo-

fant plus d'une fois à mourir , plûtôt qu'à laisser soupçonner sa fragilité ; l'humeur douce, liberale, timide, n'ayant jamais oublié qu'elle faisoit mal , esperant toûjours rentrer dans le bon chemin ; sentiment Chrétien , qui a attiré sur elle tous les tresors de la misericorde , en lui faisant passer une longue vie dans une joïe solide , & même sensible , d'une penitence austere. J'en parle ici avec plaisir. J'ai passé mon enfance avec elle. Mon Pere étoit Chancelier de feu Monsieur , & sa Mere étoit femme du premier Maître d'Hôtel de feuë Madame. Nous avons joüé ensemble plus de cent fois à Colin-Maillard , & à la Cligne - musette. Mais depuis qu'elle eut tâté des amours du Roi , elle ne voulut plus voir ses anciens amis , ni même en entendre parler. Uniquement occupée de sa passion qui lui tenoit lieu de tout. Le Roi n'exigeoit point d'elle cette grande retraite , il n'étoit pas fait à être jaloux , & encore moins à être trompé. Enfin, elle vouloit toûjours voir son Amant, ou songer à lui , sans être distraite par des compagnies indifferentes.

La Cour étoit dans la joïe & dans l'abondance ; les Courtisans faisoient bonne chere, & joüoient gros jeu. L'argent rouloit, toutes les bourses étoient ouvertes, & les Notaires en faisoient trouver aux jeunes gens tant qu'ils vouloient. L'usurier étoit dur, mais prend-t-on garde aux conditions, quand on est jeune, & qu'on veut avoir de l'argent ? Ainsi ce n'étoit que Festins, Danses, & Fêtes galantes. Le Comte de Saint Aignan, toûjours lui-même, se distinguoit entre tous les autres. Il fit dresser un théatre dans une allée du Parc de Fontainebleau, & il y avoit des fontaines naturelles, des perspectives, une colation. On y representa une Comedie nouvelle, & la Fête enfin fut si magnifi-que, qu'on soupçonna qu'il n'en étoit que l'ordonnateur. Le Roi, la Reine & les Dames s'y trouverent, & en furent fort satisfaits.

Ce fut alors que le Roi fit le Floren-tin Lulli Sur-Intendant de sa Musi-que. On l'appelloit Baptiste. Il avoit été Valet de pied de Mademoiselle. Il faisoit dès son enfance de très - beaux airs, sans sçavoir aucune note de mu-sique, & les faisoit noter par des Maîtres qui admiroient son genie. Il apprit depuis la musique dans les regles, & a passé pour le premier homme du monde dans son Art. Aussi original que Corneille & Racine dans les Tragedies, que Moliere dans les Comedies, que Quinaut dans les Opera, que Despreaux dans les Satyres, que la Fontaine dans les Fables. Car il est bon de remarquer en passant, que le Roi a fait pendant la Paix tous ces hommes singuliers que je viens de nommer, à l'exception de Corneille; tous aussi illustres dans leur genre, que les Condez & les Turennes l'ont été dans le leur. Observation qu'on a faite dans tous les tems, que sous le regne des Heros, il se forme de grands hommes dans toutes les conditions de la vie.

Les divertissemens que le Roi ne prenoit qu'en passant, ne l'empêchoient pas de se donner aux affaires. Il envoya des Ambassadeurs en divers endroits; l'Archevêque d'Ambrun alla en Espagne; le Comte d'Estrades, en Angleterre; la Barde, en Suisse; Courtin & le President Colbert furent nommez pour regler les limites de Flan-

dres avec les Commissaires d'Espagne.
Quelque-tems auparavant le Roi avoit
mis en déliberation dans son Conseil,
s'il pouvoit en honneur & en conscience secourir le Portugal ; & ses trois Ministres avoient conclu qu'il le pouvoit,
n'étant pas plus obligé que le Roi d'Espagne à observer tous les articles du
Traité de Paix ; & que puisque les Espagnols ne lui faisoient aucune raison sur
quatre-vingt quatre articles de griefs,
que l'Archevêque d'Ambrun leur avoit
proposez à Madrid, il en pouvoit faire
autant de son côté, & compenser l'un
par l'autre. Il prit donc la résolution de
le faire, mais le plus secrettement qu'il
se pourroit, & chargea Fouquet de cette négociation à l'insçû des autres Ministres. Fouquet se servit pour cela d'un
nommé la Bastide, qui avoit eu quelques habitudes à Londres, du tems de
Cromwel. Il fit résoudre le Roi d'Angleterre à épouser la Princesse de Portugal, & lui promit de lui faire donner
par le Roi deux cens mille écus par an,
qui seroient employez au secours du
Portugal. Les choses en étoient là, lorsque le Roi envoya le Comte d'Estrades
en Angleterre, sans lui rien dire de la

négociation secrette que Fouquet avoit
entre les mains. Le Roi d'Angleterre
pressa d'Estrades d'écrire au Roi en faveur des Portugais ; mais le Roi répondit qu'il vouloit executer fidélement le
Traité des Pyrennées. Le Roi d'Angleterre repliqua qu'Henri le Grand n'avoit
pas été si scrupuleux ; & qu'après la Paix
de Vervins, il n'avoit pas laissé de donner de gros subsides aux Hollandois ; à
quoi le Roi répondit qu'il se feroit toûjours honneur d'imiter le Roi son grand-
Pere, & qu'il n'avoit jamais rien fait
contre sa parole ; puisqu'en signant la
Paix de Vervins, il avoit averti le Roi
d'Espagne, qu'il devoit de grandes sommes d'argent aux Hollandois ses bons
Comperes, & qu'il ne prétendoit pas
leur faire banqueroute. Ainsi d'Estrades,
tout habile qu'il étoit, fut joüé par les
deux Rois, sur les affaires du Portugal,
jusqu'à ce que Fouquet ayant été arrêté,
le Roi lui découvrit tout le mystere, &
défendit à la Bastide de s'en mêler davantage.

Le Duc d'Epernon mourut en ce
tems-là. Il étoit Chevalier des Ordres
du Roi & de la Jarretiere, Gouverneur
de Guyenne, & Colonel General de

l'Infanterie Françoise. Le Roi supprima
sa Charge, & donna au Maréchal de
Grammont le titre de Colonel des Gardes Françoises, avec la survivance pour
le Comte de Guiche, & les mêmes appoin emens qu'avoit le Colonel General. Il avoit donné le Gouvernement de
Touraine au Comte de Saint Aignan,
qui s'etoit acquis ses bonnes graces par
sa gayeté naturelle, & par quelques petits services fort secrets.

Ce M. d'Epernon étoit fils du fameux Duc d'Epernon, le plus puissant favori d'Henri III. Il étoit ami, ou
pour mieux dire, suivant de Quelus,
qui en mourant l'avoit recommandé au
Roi si tendrement, qu'il devint son Favori.

J'ai oüi dire au vieux Maréchal de
Villeroi, que M. de Bellegarde, autre
Favori, étoit à la mort d'Henri III.
Grand Ecuyer de France, seul Premier
Gentilhomme de la Chambre, & Maître
de la Garde-Robbe. Il alla aussi-tôt
trouver Henri IV. & dès le premier soir
coucha aux pieds de son lit, comme faisoit alors le Premier Gentilhomme de
la Chambre. Henri IV. lui dit : Monsieur de Bellegarde, comptons ensemble.

Je vous laisse la Charge de Grand Ecuyer ; mais il faut que vous partagiez
vôtre Charge de Premier Gentilhomme
de la Chambre avec le Vicomte de Turenne , qui a toûjours été le mien ; &
que vous cediez celle de Maître de la
Garde-Robbe à Roquelaure , qui est
aussi le mien.

Le Marquis d'Ambre , qui est un
vieux repertoire , m'a conté que le Roi
Henri IV. s'étant éveillé la nuit , appella
M. de Bellegarde,& lui proposa de ceder
la moitié de sa Charge de Premier Gentilhomme de la Chambre au Vicomte de
Turenne : que deux heures aprés s'étant
encore éveillé , il lui proposa de ceder à
M. de Roquelaure la moitié de la Charge de Maître de la Garde-Robbe ; & que
Bellegarde lui dit : Hé bien , Sire , je le
veux bien , mais ne vous réveillez plus ,
s'il vous plaît.

Il commença alors à y avoir deux
Gentilhommes de la Chambre. M. d'E-
pernon , qui l'avoit été devant M. de
Bellegarde , renouvella ses prétentions ;
& fit créer pour lui une troisiéme Charge, & le feu Roi créa la quatriéme pour
M. de Mortemart. La Charge de Colonel de l'Infanterie avoit été fait Charge

de la Couronne sous Henri III. pour
M. d'Epernon, & celle de Grand Maître
de l'Artillerie fut aussi faite Charge sous
Henri IV. pour M. de Sulli. Il semble
qu'en France les Favoris ont la fiévre
tierce. Henri III. en avoit, Henri IV.
n'en eut point. Loüis XIII. en a eu.
Loüis XIV. n'en aura jamais. Je ne prens
guere d'interêt à ce qui arrivera après
lui. Henri IV. avoit pour ami M. de
Biron, & s'en vantoit publiquement,
lorsqu'il rentra dans Paris, & qu'il reçût
les complimens du Parlement dans l'Hôtel de Schomberg, qui est presentement
l'Hôtel d'Aligre. Il leur dit : Messieurs,
voilà M. de Biron, c'est un homme que
je presente volontiers à mes amis & à
mes ennemis. Loüis le Grand eût dit
fort volontiers la même chose de M. de
Turenne ; mais ces familiaritez royales
ne sont plus à la mode : & je ne sçais si
les Rois ont bien fait de les abolir. On
les craint, on les aimoit. Henri IV. étoit
le plus grand Roi & le meilleur homme
du monde. Un jour M. du Maine vint
se plaindre à lui de l'insolence de M. de
Balagni, qui avoit fait appeller en duel
le Duc d'Eguillon son fils. Balagni est
bien heureux, disoit M. du Maine, que

je n'aye pas été chez moi , je l'aurois fait pendre à la grille. Le Roi ne fit que se retourner vers ceux qui étoient dans la chambre, & leur dit : Le bon-homme se sent encore de la Ligue. Ce grand Roi avoit ses foiblesses comme un autre homme. Il étoit amoureux de la Duchesse de Beaufort , & vouloit absolument l'épouser. Il nomma Sanci son Ambassadeur à Rome pour faire casser son mariage avec la Reine Marguerite , sous prétexte de sa mauvaise conduite ; mais Sanci ne voulut point se charger de la commission : Sire , lui dit-il , avec une franchise de vieux Courtisan , il vaut mieux que vous gardiez celle que vous avez , au moins est-elle de bonne maison.

Un jour un Ambassadeur d'Espagne causant avec Henri IV. lui disoit qu'il eût bien voulu connoître ses Ministres, pour s'adresser à chacun d'eux suivant son caractere. Je m'en vais , lui dit le Roi , vous les faire connoître tout à l'heure. Ils étoient dans l'antichambre en attendant l'heure du Conseil. Il fit entrer le Chancelier de Silleri , & lui dit : M. le Chancelier , je suis fort en peine de voir sur ma tête un plancher qui

qui ne vaut rien , & qui menace ruine.
Sire , dit le Chancelier , il faut confulter des architectes , bien examiner toutes chofes , & y faire travailler , s'il eft befoin, mais il ne faut pas aller fi vîte. Le Roi fit enfuite entrer M. de Villeroi , & lui tint le même difcours. Il répondit , fans regarder feulement le plancher : Vous avez grande raifon , Sire ; cela fait peur. Aprés qu'ils furent fortis , entra le Prefident Jeannin , qui à la même queftion , répondit fort differemment. Sire, dit-il au Roi , je ne fçais pas ce que vous voulez dire ; voilà un plancher qui eft fort bon. Mais , reprit le Roi , ne vois-je pas là-haut des crevaffes, ou j'ai la berluë. Allez allez, Sire, répondit Jeannin , dormez en repos , vôtre plancher durera plus que vous. Quand les trois Miniftres furent fortis , le Roi dit à l'Ambaffadeur ; Vous les connoiffez prefentement. Le Chancelier ne fçait jamais ce qu'il veut faire. Villeroi dit toûjours que j'ai raifon. Jeannin dit tout ce qu'il penfe , & penfe toûjours bien ; il ne me flatte pas, comme vous voyez.

Ce grand Prince étoit prompt , mais bien-tôt la raifon le faifoit revenir. Le

Colonel Tische , qui commandoit les Suisses dans son Armée , lui vint demander les montres des Suisses la veille de la bataille de Dreux. Le Roi qui n'avoit point d'argent se mit dans une furieuse colere , le traita fort mal , & se porta à des paroles injurieuses. Le lendemain en rangeant ses troupes en bataille , il se souvint de ce qu'il avoit fait : & quand il fut devant le Bataillon Suisse : Colonel Tische , lui dit-il en l'embrassant , j'ai tort à vôtre égard , & je vous fais toutes réparations. Ah ! Sire , lui répondit le vieux Colonel , vos bontez me vont couter la vie. Effectivement on donna la bataille , & il fut tué.

Revenons d'où je suis parti. Le Maréchal de Vivonne écrivoit de Messine au Roi , & finissoit sa lettre par ces mots: *Nous avons besoin ici de dix mille hommes pour soutenir l'affaire.* Il la donna à cacheter à l'Intendant du Terron , qui ajoûta après les dix mille hommes , *& d'un General.* Ce du Terron avoit bien de l'esprit.

Ce fut un peu après la mort du Duc d'Epernon , que le Duc de Richelieu ne voulant faire la Guerre , ni par Terre, ni par Mer , vendit le Gouvernement du Havre au Maréchal Duc de Noailles, & la Charge de General des Galeres au Marquis de Crequi. Il eut cent mille écus du Havre , & sept cens mille livres des Galeres, & employa cet argent , suivant la coûtume inviolablement observée par les heritiers des premiers Ministres , qui ne font gueres de contrats de constitution.

Je passe legerement sur tous les évenemens publics ; on les trouve écrits par tout : & je ne veux m'arrêter que sur de certaines choses ignorées du commun des hommes.

Le Roi au milieu de ses affaires & même de ses plaisirs , songeoit toûjours à se défaire du Sur-Intendant. Ce Ministre avoit déja donné assez de prise sur lui. Ses dissipations effroyables, neuf ou dix millions au moins dépensez à Vaux , tandis que la Maison du Roi n'étoit pas payée ; les pensions secrettes qu'il donnoit aux Courtisans , les tresors qu'il jettoit à la tête de ses amis ; les fortifications qu'il faisoit faire à Belle-Isle , comme s'il avoit eu des desseins de Guerre ; sa négligence dans les Affaires , tout cela étoit plus que suffisant

pour lui faire son procès dans les formes ; outre qu'il y avoit une necessité
absoluë de changer de Sur-Intendant,
pour avoir occasion de ne pas donner
tout ce qu'il avoit promis, & pour dé-
poüiller tous ceux qui s'étoient en-
richis. Il avoit encore le défaut d'être
insolent, & si je l'ose dire, insatiable
sur le chapitre des Dames. Il attaquoit
hardiment tout ce qui lui paroissoit
aimable, persuadé que le merite sou-
tenu de l'argent, vient à bout de tout.
Il osa lever les yeux jusqu'à Mademoiselle de la Valliere ; mais il s'apperçût
que la place étoit prise ; & voulant se
justifier auprès d'elle & de son Amant
secret, il se donna la mission de confident ; & l'ayant mise à un coin dans
l'antichambre de Madame, il lui vouloit dire que le Roi étoit le plus grand
Prince du monde, le mieux fait, &
autres mêmes propos : mais la Demoiselle fiere du secret de son cœur, cou-
pa court, & dès le soir s'en plaignit au
Prince, qui n'en fit pas semblant, &
ne l'oublia pas. Madame du Plessis-Bel-
liere, amie de Fouquet, l'avoit aussi
attaquée, en lui disant que M. le Sur-
Intendant avoit vingt-mille pistoles à

son service ; & sans se fâcher elle lui
avoit répondu, que vingt millions ne
lui feroient pas faire un faux pas ; ce
qui avoit fort étonné la bonne confidente, peu accoûtumée à de pareilles
réponses.

Le Roi étoit donc résolu de perdre
Fouquet ; mais sa Charge de Procureur
General du Parlement étoit un rem-
part, à l'abri duquel il sembloit être
en sûreté. A peine sortoit-on des Guerres Civiles, où la puissance de cette
Compagnie n'avoit que trop éclaté. Il
n'étoit pas à propos de lui fournir de
nouveaux sujets de plaintes, en faisant
faire le procès par des Commissaires,
à l'un de ses principaux Officiers : &
d'ailleurs, s'en remettre au jugement
de cent cinquante personnes, qui veu-
lent tous opiner longuement, c'étoit
la mer à boire, & peu d'assurance de
bonne Justice. Il falloit donc persuader
à Fouquet de vendre sa Charge de Procureur General ; la chose n'étoit pas
aisée. Colbert, par son propre interêt,
mêlé d'un peu de zele, se chargea de
la commission ; & pour en venir à bout,
il fit les démarches les plus humbles,
pour s'insinuer dans l'esprit de Fou-

quet. Il le prit par les loüanges , & fit
si bien que ses manieres soumises lui
firent presque oublier les démêlez qu'ils
avoient eu ensemble du tems du Cardinal. Il y avoit déja long-tems que
Colbert , pour avoir sa place , lui rendoit de mauvais offices , en tâchant de
diminuer son credit parmi les gens
d'affaires. La chose étoit allée si loin ,
que Fouquet s'en étant plaint amere-
ment. Le Cardinal lui dit à Toulouse
qu'il le prioit d'oublier pour l'amour
de lui tout ce qui s'étoit passé ; que
Colbert n'y retourneroit plus ; qu'il lui
feroit volontiers le sacrifice d'un autre
homme ; mais que celui-là étant seul
instruit & chargé de toutes les affaires
de sa maison , il ne pouvoit s'en passer.
Il semble qu'un pareil éclat devoit rompre entr'eux toute intelligence ; & cependant Fouquet ne laissa pas d'écouter les doux propos de son ennemi ré-
concilié par force. Il le crut encore
trop foible auprès du Roi pour oser
entreprendre de voler de ses propres
ailes , & lui donna chez lui des en-
trées particulieres, qu'il n'accordoit qu'à
ses meilleurs amis. Colbert en profi-
ta , & dans ses conversations ne man-

qua pas de lui faire remarquer la mine tendre & la confiance aveugle que le Roi avoit pour lui. Dans le même-tems ce Prince ne parloit que de M. le Sur-Intendant, l'envoyoit chercher à tous momens, décidoit une infinité de petites choses par son avis, sans consulter ses autres Ministres; lui accordoit toutes les graces qu'il demandoit, & venoit de recevoir avec des distinctions particulieres l'Evêque d'Agde son frere pour Maître de l'Oratoire. Colbert faisoit valoir tout cela. Fouquet persuadé & attendri, juroit qu'il donneroit sa vie pour le Roi. J'en ferois autant, reprit Colbert; mais à quoi lui servent toutes ces paroles, il n'y a pas un sol dans l'Epargne, & vous sçavez, Monsieur, combien les moyens extraordinaires sont difficiles & dangereux. Vous avez raison, dit Fouquet, je vendrois de bon cœur tout ce que j'ai au monde pour donner l'argent au Roi. Colbert ne voulut pas aller plus loin : mais dans la suite de leurs conversations en parlant de la Charge de Président à Mortier, dont Fieubet avoit offert dix-huit cens mille livres; Fouquet de lui-même dit, qu'il n'en auroit gueres moins s'il vouloit de sa Charge de Procureur General, & que le même Ficubet lui en avoit offert quinze cens mille livres. Mais, Monsieur, reprit Colbert, est-ce que vous la voudriez vendre ? il est vrai qu'elle vous est assez inutile. Un Sur-Intendant Ministre n'a pas le tems de voir des procés. La chose en demeura là, mais ils en parlerent si souvent, que Fouquet se croyant assuré de l'esprit du Roi, dit un jour à Colbert, qu'il avoit envie de vendre sa Charge pour en faire un sacrifice au Roi. Ce fut alors que Colbert se jetta dans des acclamations ; & Fouquet enyvré de la belle action qu'il croyoit faire, alla sur le champ le dire au Roi, qui le remercia, & accepta l'offre sans balancer, en lui cachant le véritable sujet de sa joïe. Le Roi dès le même soir ne manqua pas de dire à Colbert, tout va bien, il s'enferre de lui-même ; il m'est venu dire qu'il porteroit à l'Epargne tout l'argent de sa Charge. J'ai appris ces particularitez de Perrault, à qui Colbert les a contées plus d'une fois.

Cette négociation dura jusqu'au mois d'Août ; & dès que Fouquet eut vendu du fa Charge à M. de Harlai, bon homme, homme de bien, mais qui n'en étoit pas fort capable ; & qu'il eut fait porter un million à Vincennes, où le Roi le voulut avoir pour des dépenfes fecrettes, Sa Majefté lui redoubla fes careffes. D'autre côté Colbert qui s'étoit contraint pendant trois ou quatre mois, ne le menagea plus, & ne garda plus de mefures avec un homme, qu'il vouloit, & qu'il croyoit pouvoir pouffer à bout. Le Roi ne crut pas le devoir faire arrêter à Paris ; & par un excès de prévoyance, dont il n'avoit pas befoin, il l'engagea à lui donner une Fête dans fa belle Maifon de Vaux, réfolu de le faire arrêter au milieu des hautbois & des violons, dans un lieu qui fe pouvoit dire une preuve parlante de la diffipation des Finances. Mais avant l'execution, n'ayant pû s'empêcher d'en faire confidence à la Reine Mere, elle lui dit tant de raifons pour l'en empêcher, qu'il réfolut deflors de faire le voyage de Nantes, fous prétexte d'aller preffer les Etats de Bretagne d'accorder ce qu'il leur demandoit. La Reine Mere avoit quelque peine à abandonner Fouquet, perfuadée que

Colbert plus rustique lui laisseroit encore moins de credit. La vieille Duchesse de Chevreuse l'avoit pourtant gagnée à une Fête qu'elle lui donna exprès à Dampierre, afin de l'entretenir plus à son aise ; & ce fut là l'origine de la liaison qui se forma depuis entre Colbert & la Maison de Luines.

Le Roi ne put pas s'empêcher d'aller à Vaux, ou tout étoit prêt pour le recevoir. Il avoit dans sa caleche Monsieur, la Comtesse d'Armagnac, la Duchesse de Valentinois, & la Comtesse de Guiche. La Reine Mere y alla dans son carosse, & Madame en littiere. On y représenta pour la premiere fois les *Fâcheux* de Moliere, avec des Balets & des récits en musique dans les Intermedes. Le théatre étoit dressé dans le Jardin, & la décoration étoit ornée de fontaines veritables, & de veritables orangers : & il y eut ensuite un feu d'artifice & un bal, où l'on dansa jusqu'à trois heures du matin. Les Courtisans qui prennent garde à tout, remarquerent que dans tous les plafonds & aux ornemens d'architecture, on voyoit la devise de M. le Sur Intendant. C'étoit un Ecureuil (ce sont ses armes) qui montoit fur un arbre avec ces paroles : *Quo non afcendam ?* où ne monterai-je point ? Mais ils n'ont remarqué que depuis fa difgrace , qu'on y voyoit auffi par tout des Serpens & Couleuvres , qui fiffloient aprés l'Ecureüil. Au milieu de la Fête M. le Surintendant reçut un billet de Madame du Pleffis-Bellierre , qui lui donnoit avis qu'on devoit l'arrêter à Vaux , mais que la Reine Mere avoit fait changer l'ordre.

La Cour étoit à Fontainebleau ; & Fouquet , quoique la Fête eût fort bien réüffi , commença à foupçonner qu'on le vouloit perdre. Gourville , homme d'efprit , & fon ami particulier , lui en donnoit tous les jours de nouveaux avis. Il lui dit que le Roi piqué de la magnificence de Vaux , qui effaçoit de bien loin Fontainebleau , & toutes les autres Maifons Royales , n'avoit pas pû s'empêcher de dire à la Reine Mere : Ah ! Madame ! eft-ce que nous ne ferons pas rendre gorge à tous ces gens-là. Il lui arriva même une petite avanture , qui fit juger à lui & à tous fes amis , qu'il n'étoit pas trop bien à la Cour.

Le Comte de Saint Aignan lui parla dans l'antichambre du Roi devant tout le monde avec la derniere hauteur, se plaignant de lui, & renonçant à son amitié. Or l'on sçavoit que Saint Aignan étoit alors un petit Favori, & trop bon Courtisan, pour être si fier avec un Ministre qu'il eût crû bien établi. Il voyoit de plus que le Roi avoit créé exprès pour Colbert une troisiéme Charge d'Intendant des Finances, afin qu'il observât toutes ses actions. Mais il vit sa perte plus clairement dans un Conseil qui fut tenu quatre jours avant le voyage de Nantes. Le Chancelier & tous les Secretaires d'Etat y étoient avec les trois Ministres. Le Roi y proposa d'abolir absolumeut les Ordonnances de Comptant, que les Sur-Intendans donnoient sous prétexte de dépenses secrettes. Sa Majesté fit assez connoître par son discours que c'étoit son intention. Le Chancelier appuya fortement l'avis du Roi ; & Fouquet n'étant pas maître de lui, au lieu d'opiner s'écria, je ne suis donc plus rien ? Il sentit dans le moment qu'il venoit de dire une sottise, & tâcha de la réparer, en disant qu'il faloit donc trouver d'autres moyens de cacher les dépenses secrettes de l'Etat, & le Roi dit qu'il y pourvoiroit. Le jeune Brienne étoit present au Conseil, & m'a conté que dans le moment que Fouquet lâcha cette parole indiscrette, *Je ne suis donc plus rien ?* Le Tellier donna un coup de coude au bon homme Brienne qui étoit auprès de lui.

On partit pour Nantes quatre jours après. Fouquet fit le voyage avec Lionne son ami ; & le Tellier mena Colbert avec lui. Ils prirent des Cabanes à Orleans, & s'embarquerent sur la Loire. Les Courtisans disoient hautement que ce voyage seroit fatal à Fouquet ou à Colbert. On voyoit assez qu'ils ne pouvoient pas vivre ensemble, & que l'un des deux perdroit bien-tôt l'autre. Mais le commun avis étoit que Fouquet seroit le plus foible, & le malheureux. Roze m'a conté qu'étant à Fontainebleau deux jours avant le voyage de Nantes, il trouva sur le grand escalier de la cour du Cheval blanc Seron de la Sironade, qui lui dit tout bas en passant ; M. Roze, on va faire le procès au Sur-Intendant, & il sera pendu. Roze se mit à rire, & passa son chemin.

Mais pour revenir au voyage, le jeune Brienne avoit aussi pris une Cabane à Orleans, & y avoit donné place à un Commis de Nouveau General des Postes. Ils virent passer l'une après l'autre les deux cabanes où étoient les Ministres, magnifiquement parées & menées chacune par douze ou quinze Rameurs. Le Commis de la Poste dit en les voyant passer, l'une de ces deux Cabanes fera naufrage à Nantes ; voulant faire entendre que ce voyage se faisoit pour perdre Fouquet ou Colbert. Brienne le pressa de lui dire ce qu'il en sçavoit, mais il fit le mysterieux, & il y a apparence qu'il en avoit seulement oüi parler chez Nouveau, homme de bonne chere, où toute la Cour étoit tous les jours.

Fouquet avoit été averti par ses amis il y avoit plus d'un mois. Il avoit profité de leurs avis, & croyoit s'être mis à couvert de l'orage en ouvrant son cœur au Roi, & lui parlant cette fois avec sincerité, mais il n'étoit plus tems. Le Roi outré contre lui d'avoir vû cinq mois durant qu'il le trompoit, avoit pris ses mesures avec Colbert , & les choses étoient trop avancées pour les changer. Il dissimula à son ordinaire , & lui fit plus de caresses que jamais. Il fit le voyage en poste à cheval , suivi de M. le Prince & de M. le Duc , de M. de Turenne , de M. de Boüillon , & d'une trentaine de Courtisans, & fut regalé en chemin (je crois à Saumur par Nouveau General des Postes.) Il arriva à Nantes le premier Septembre,il alla loger dans le Château. Fouquet fit marquer son Logis à l'autre bout de la Ville ; on n'en devina pas d'abord la raison. On a sçû depuis qu'il y avoit dans cette maison un acqueduc sous terre , qui rendoit à la riviere , & qu'il songeoit à se sauver par-là dans Belle-Isle , en cas qu'on vint pour l'arrêter. Il étoit parti de Fontainebleau avec la fievre tierce , & la fatigue du voyage avoit redoublé ses accès. Le Roi, à qui l'on dit qu'il étoit assez mal , ordonna au Comte de Brienne d'aller sçavoir de ses nouvelles. Le Comte arriva dans la maison à trois heures après midi , & trouva Madame la Sur-Intendante avec Gourville dans une salle , qui faisoit danser devant elle des paï-

fane de Belle-Ifle. Elle lui dit que M.
le Sur-Intendant ne voyoit perfonne,
& qu'il étoit dans fon accès. Il repliqua
qu'il falloit qu'il le vît, & qu'il venoit
lui parler de la part du Roi. On le fit
monter ; il trouva le Sur - Intendant
couché fur fon lit dans des robbes de
chambre, tremblant la fievre affez fort.
Il lui dit que le Roi étoit en peine de
fa fanté, & qu'il l'envoyoit pour fçavoir de fes nouvelles. Le Sur-Intendant
reçût le compliment avec grande joïe,
& s'écria : Le Roi a bien de la bonté
pour moi. Il pria enfuite Brienne de dire au Roi qu'il lui répondoit des Etats
de Bretagne ; que plufieurs Deputez
l'étoient venus trouver, & qu'ils feroient tout ce que Sa Majefté fouhai-
toit, & au-delà. Brienne vouloit s'en
aller de peur de l'incommoder. Il le
pria de s'affeoir au chevet de fon lit, &
lui dit avec un air gai : Monfieur, vous
êtes de mes amis. (Ils s'étoient racom-
modez depuis trois ou quatre mois, &
le Sur - Intendant lui avoit fait payer
feize mille livres fur ce qui lui étoit
dû de fes penfions.) Il lui dit donc,
vous êtes de mes amis ; je vais m'ouvrir à vous. Colbert eft perdu, & ce

sera demain le plus beau jour de ma vie.
Il lui demanda enfuite s'il n'y avoit rien
de nouveau à la Cour. Brienne lui dit
que ce matin là on n'entroit plus chez
le Roi par le chemin ordinaire, qu'il
falloit paffer l'un après l'autre par un
petit corridor fort étroit ; que Roze Secretaire du Cabinet écrivoit fur une petite table dans ce corridor, & qu'il étoit
obligé de fe lever à chaque perfonne
qui paffoit ; que M. de Gêvres Capitaine
des Gardes du Corps en quartier, &
Chamarante premier Valet de Chambre
étoient feuls à la porte du cabinet ; que
le Roi y avoit été enfermé tout le matin, & que quand il étoit entré dans
le cabinet, le Roi avoit jetté un grand
morceau de taffetas vert fur une table
couverte de papiers ; que tous ces petits changemens donnoient à raifonner
aux Courtifans. Il n'ajoûta pas qu'il
venoit de voir dans fa ruë à cent pas de
fa porte deux Moufquetaires qui pa-
roiffoient y être par ordre, & qui l'a-
voient fort examiné en paffant. Fouquet
lui dit que tout cela regardoit Colbert :
& Brienne n'ofa lui dire qu'il n'en
croyoit rien.

Brienne étant retourné au Château

rendre compte de sa commission, trouva l'appartement du Roi ouvert à son
ordinaire ; on ne passoit plus par le corridor. Le Roi lui ordonna de retourner le soir chez M. le Sur-Intendant,
& de lui dire qu'il ne manquât pas d'ê-
tre au Conseil le lendemain à sept heures
du matin. Brienne n'y alla qu'à onze
heures du soir, & trouva Fouquet abatu
de corps & d'esprit. La fievre l'avoit ex-
trêmement tourmenté, & il lui étoit
venu tant d'avis & de tant de côtez,
qu'enfin il avoit ouvert les yeux. Toute
la ruë & les environs de sa maison étoient
remplis de Mousquetaires. Monsieur, dit-
il à Brienne, on vient de me dire que
Chavigni Capitaine aux Gardes (ç'a été
depuis le fameux Pere de Chavigni Pere
de l'Oratoire) est monté sur deux
grands bateaux avec sa Compagnie,
pour aller se saisir de Belle-Isle. Gourville me presse de me sauver par l'acqueduc dans sa maison. Malgré tous les
Mousquetaires du monde, il pouvoit
encore gagner la riviere, où un petit
bateau l'attendoit : c'étoit être passable-
ment indiscret. Mais ajoûta-t-il avec
fermeté, je n'en veux rien faire, il en
faut courir le risque. Je ne puis croire

que tout ceci soit contre moi. Il conta
alors à Brienne qu'à Fontainebleau il
avoit representé au Roi que le Cardinal
faisoit tout à sa tête, & sans observer aucune formalité ; qu'il lui avoit fait faire
beaucoup de choses , dont il pouvoit
être recherché ; que lui en son particulier avoit aussi fait des fautes considerables , & des dépenses excessives ; & que
pour mettre sa conscience & son honneur en sûreté , il supplioit le Roi de
lui pardonner tout le passé & qu'il étoit
persuadé que Sa Majesté avoit eu la
bonté de le faire. Il se coucha là-dessus
tranquille ou non. Brienne crut , ou fit
semblant de croire tout ce qu'il lui avoit
dit , & s'en alla. Il y retourna le lendemain à six heures du matin, suivant
l'ordre du Roi , pour faire lever M. le
Sur-Intendant, afin qu'il fût au Château
à sept heures du matin précises. Mais il
trouva les portes de la maison gardées
par les Mousquetaires, qui lui dirent
que le Sur-Intendant étoit déja parti
pour aller chez le Roi. Il vit bien alors
que c'étoit un homme perdu, & il revint
au Château à toute bride. Fouquet étoit
déja au Conseil , il avoit vû les Mousquetaires rangez en bataille dans la Pla-

ce,& avoit crû que le Roi vouloit aller à la chasse. Il monta en haut. Le Conseil se tint à l'ordinaire ; le Roi lui demanda encore quatre-vingt dix mille livres, pour distribuer aux Officiers de la Marine. Le Tellier sortit du Conseil le premier,& mit dans la main de Boucherat, qui depuis est devenu Chancelier , & qu'il trouva dans l'antichambre, un petit billet , en lui disant à l'oreille : *Lisez vite, & executez.* Boucherat étoit alors Maître des Requêtes & Conseiller d'honneur au Parlement de Paris , & faisoit les fonctions de Commissaire du Roi aux Etats de Bretagne. Il descendit le degré , ouvrit son billet , & y lut ces mots : *Le Roi vous ordonne d'aller tout à l'heure mettre le Scellé chez M. le Sur-Intendant* , qui descendoit lui même le degré, pendant que Boucherat lisoit , & en passant il lui donna le bon jour. Il monta ensuite dans sa chaise, pour aller à la Messe.

Cependant Artagnan , Capitaine-Lieutenant des Mousquetaires , avoit eu ordre du Roi de l'arrêter au sortir du Conseil , mais hors de l'enceinte du Château pour ne pas fâcher le Capitaine des Gardes du Corps. Il l'avoit manqué d'un moment ; parce qu'ayant vû defcendre M. le Tellier , il l'avoit fuivi au bout de la cour , où il s'étoit allé promener fous des arbres , avec la Feüillade.

Il lui demanda s'il n'y avoit rien de changé , le Tellier lui dit que non , & pendant ce tems-là Fouquet étoit paflé. Artagnan tout éperdu , courut dans la Place qui eft dans le Château. Il demanda tout bas à Roze s'il n'avoit point vû M. le Sur-Intendant. Roze lui dit qu'il étoit forti du Confeil. Il alla tout courant le chercher , & le trouva dans fa chaife qui alloit à la Meffe. Il lui envoya dire par Maupertuis qu'il eût bien voulu lui dire une parole. Le Sur-Intendant fortit auffi-tôt de fa chaife , & Artagnan fans perdre de tems , lui dit : *Monfieur , je vous arrête par ordre du Roi.* Il ne parut point étonné , & lui dit feulement : Mais , M. d'Artagnan , eft-ce bien moi à qui vous en voulez. Oüi , Monfieur , reprit Artagnan , & fans plus de difcours le fit monter dans un caroffe entouré de cent Moufquetaires , qui le conduifirent fur le champ au Château d'Angers. Boucherat pendant ce tems-là fe faififfoit de tous fes papiers.

Roze étoit monté dans la chambre

du Roi. Il trouva à la porte Maupertuis, qui lui dit tout bas : Monsieur, faites-moi parler au Roi. Roze lui dit de s'adresser aux Huissiers de la Chambre. Maupertuis dit que les Huissiers se mocquoient de lui, & lui fermoient la porte au nez. Roze lui repliqua qu'il en étoit fâché ; mais Maupertuis lui ayant dit avec fermeté : Hé bien, Monsieur, vous en répondrez en vôtre propre & privé nom ; Roze eut peur, & s'avança vers la porte du cabinet du Roi. Aussi-tôt le Marquis de Gêvres, Chamarante, & quelques autres Courtisans lui dirent, que le Roi vouloit être seul. Roze ne laissa pas de grater à la porte du cabinet. Le Roi étoit enfermé avec M. le Tellier, & vint ouvrir lui-même la porte, en disant d'un ton chagrin : Qui est-ce qui est là ? Roze lui dit que Maupertuis vouloit absolument lui parler. On le fit entrer, & il dit au Roi que M. le Sur-Intendant avoit été arrêté. Alors Sa Majesté passa dans la chambre, & dit tout haut aux Courtisans qui s'y trouverent : J'ai fait arrêter le Sur-Intendant. Il est tems que je fasse moi-même mes affaires.

Maupertuis, qui a été depuis Capitaine - Lieutenant des Mousquetaires, suivoit la Cour sans emploi, & ce jour-là le Roi lui avoit ordonné de suivre Artagnan, & de faire tout ce qu'il lui commanderoit.

Le Roi avoit fait partir en poste du Vouldi Gentilhomme ordinaire, pour aller faire mettre le Scellé dans la maison de Fouquet à Paris, à Saint Mandé, & à Vaux. Il alla le plus vîte qu'il pût, & n'arriva pourtant à Paris que douze heures après un Valet de Chambre du Sur-Intendant ; il s'appelloit *La Forest*, & sans prendre l'ordre de personne, dès qu'il vit son Maître arrêté, il s'en alla à pied à deux lieuës de Nantes, où il sçavoit qu'étoit le premier relais. Le Sur-Intendant n'avoit jamais fait de voyage avec la Cour, qu'il n'eût établi des relais de sept lieuës en sept lieuës hors du grand chemin, sur la droite & sur la gauche.

Il avoit par ce moyen-là des nouvelles plûtôt que le Roi, ou M. le Cardinal ; & la Forest dont il se servoit ordinairement pour ses courses, ne perdit pas un moment. Il poussa tous les relais, & porta la nouvelle de la prise

de son Maître à Madame du Plessis-
Bellierre son amie intime. Elle envoya
chercher aussi-tôt l'Abbé Fouquet &
Brevant. Ils tinrent conseil. L'Abbé
étoit d'avis de mettre le feu à la maison de Saint Mandé , & de brûler par
ce moyen-là tous les papiers qui pouvoient faire tort à son Frere. Mais Madame du Plessis Bellierre s'y opposa ,
& dit que c'étoit le perdre absolument ;
qu'on ne le condamneroit pas sans l'entendre ; que c'étoit se défier de son innocence ; qu'on n'avoit rien à lui reprocher , depuis que le Roi gouvernoit
par lui-même ; & que pour le tems
précedent , il n'avoit rien fait que par
l'ordre du Cardinal. Brevant sans opiner les quitta , & alla ramasser ses papiers & quelque argent , & se cacher
dans un Couvent , où on ne le trouva
jamais. Il passa ensuite dans les Païs
Etrangers , & y rendit au Roi tant de
petits services , qu'il mérita sa grace.
C'est ce Brevant des Carrieres , qui a
été assez long-tems Resident du Roi à
Liege. La Forest alla aussi chez Madame
Fouquet la mere , dont la vertu & la
sainteté méritent attention. Elle ne s'é-
toit point élevée de la fortune de son
Fils ,

Fils, toûjours occupée de la Priere & du foin des Pauvres. Madame, lui dit brufquement la Foreft, M. le Sur-Intendant a été arrêté à Nantes. Elle fe jetta à fes pieds, & dit : Je vous remercie, mon Dieu, je vous ai toûjours demandé fon falut, en voilà le chemin. Elle étoit auffi humble que la femme du Sur-Intendant étoit fiere & infolente. La décadence de fon mari lui fit bien changer de manieres : & il me fouvient qu'étant venuë à l'audiance de M. de Pontchartrain Controlleur General, elle fe mit humblement dans la foule ; mais il alla à elle dès qu'il la vit, & la fit entrer dans fon cabinet, à la barbe de plufieurs Ducheffes, qui ne l'avoient pas regardée.

Pendant que l'Abbé Fouquet difputoit avec Madame du Pleffis-Bellierre, fans rien réfoudre ; du Vouldi arriva. Le Lieutenant Civil d'Aubrai alla tout fceller à Saint Mandé, & d'autres Officiers de Juftice firent la même chofe dans les autres maifons du Sur-Intendant. Cependaut le Roi donnoit fes ordres à Nantes pour partir le même jour. Le Tellier étoit triomphant ; & Colbert qu'on n'avoit point vû depuis quatre

jours , fortit de fon trou , & parut avec
un grand air de confiance. Le pauvre
Lionne confterné & pâle comme la mort
ne pouvoit fe remettre. Mais le Roi s'en
étant apperçû eut la bonté de lui dire
tout-haut : Lionne , je fçai bien que
le Sur-Intendant étoit de vos amis ; fa
difgrace ne vous regarde point , & je
fuis fort content de vous. Le Roi ne
faifoit pas femblant d'entendre le Marquis de Gêvres Capitaine de fes Gardes du Corps en quartier, qui jettoit
feu & flamme. Qu'ai-je fait , difoit il ,
pour recevoir un pareil affront ? Ne
l'aurois je pas arrêté auffi-bien qu'Artagnan ? Ses amis lui dirent de fe taire ,
il n'en faifoit rien , & ne faifoit pas mal
fa Cour.

Le Roi avant que de partir, dit au
Maréchal de Villeroi , qu'il faifoit un
Confeil Royal des Finances , dont il
feroit le Chef. Et fur cela le Maréchal de
la Meilleraïe dans un dîné qu'il donna
ce jour là aux Courtifans , lui dit plai-
famment : Petit Maréchal mon ami , tu
feras le Chef des Finances, mais en idée ,
comme je l'ai été moi qui te parles , &
Colbert en fera le Chef véritable : mais
que t'importe ? Tu auras de gros apoin-

remens, & n'est-ce pas assez. Le Maréchal de la Meilleraie en voyant depuis quatre jours tout ce qui se faisoit à Nantes, s'étoit crû perdu, & son ami Boucherat avoit toutes les peines du monde à lui remettre l'esprit, sans pourtant lui rien découvrir. Le Maréchal s'étoit déclaré publiquement contre Fouquet à la mort du Cardinal, & le Duc de Mazarin son fils, comblé d'honneurs & de biens, l'avoit méprisé, croyant n'avoir besoin de personne. Ainsi croyant Fouquet vainqueur de ses ennemis, il craignoit d'être accablé comme les autres.

On dit que lorsqu'Artagnan arrêta M. Fouquet, il le fouilla, ce qui s'observe avec les Prisonniers d'Etat; & qu'il trouva dans ses poches quantité de lettres de Femmes qui paroissoient fort reconnoissantes de l'argent qu'il leur envoyoit journellement. J'ai vû des copies de toutes ses Lettres, & n'en ai pas fait grand cas; soit qu'elles soient vrayes ou fausses, on se servit contre lui d'un broüillon de billet écrit de sa main, & corrigé de la main de Pelisson: on le trouva aussi dans ses poches, & l'on crut qu'il s'adressoit à Mademoiselle de Montalais. La voici.

Puisque je fais mon unique plaisir de vous aimer, vous ne devez pas douter que je ne fasse ma joie de vous satisfaire. J'aurois pourtant souhaité que l'affaire que vous avez tant desirée fut venue purement de moi ; mais je vois bien qu'il faut qu'il y ait toûjours quelque chose qui trouble ma felicité. Et j'avoüe, ma chere Demoiselle, qu'elle seroit trop grande, si la fortune ne l'accompagnoit quelquefois de quelques traverses. Vous m'avez causé aujourd'hui mille distractions en parlant au Roi ; mais je me soucie fort peu de ses affaires, pourvû que les vôtres aillent bien.

Le Roi retourna à Fontainebleau, presque aussi vîte qu'il étoit allé à Nantes. Il étoit infatigable ; & quelques jours après son arrivée, il alla à cheval à Paris, & revint dans le même jour, après avoir visité les nouveaux bâtimens de Vincennes, & ceux du Louvre & des Tuilleries. Il fit tout cela le matin, .& dîna à Saint Cloud chez Monsieur, & arriva de bonne-heure à Fontainebleau. Il songea d'abord à regler les Finances, que la prison de Fouquet mettoit encore dans un plus grand désordre. Et pour cela, il établit le Conseil Royal, composé d'un Chef & de trois Conseillers, dont l'un devoit être toujours Intendant des Finances. Le Maréchal de Villeroi fut declaré le Chef, avec quarante-huit mille livres d'apointemens ; d'Aligre & de Seve furent Conseillers , & Colbert qui étoit Intendant, fut le troisiéme. Le Roi marqua dans sa Declaration, que le Chancelier s'y trouveroit, quand Sa Majesté le lui ordonneroit , & qu'alors il y presideroit. La grande & la petite Direction allerent à l'ordinaire ; & ce ne fut que quelque-tems après que le Roi supprima les Directeurs des Finances, & remboursa les deux Charges de Controlleurs Generaux , pour faire Colbert seul Controlleur General par commission ; en attribuant à cette qualité une place de Conseiller au Conseil Royal des Finances.

Fin du I I I. Livre.

MEMOIRES
POUR SERVIR
A
L'HISTOIRE
DE
LOÜIS XIV.

✥✥✥✥✥✥✥✥✥✥✥✥✥✥✥✥✥✥✥✥✥✥✥

LIVRE QUATRIE'ME.

LEs foins du dedans du Royaume qui étoient les plus preffans, n'empêcherent point Louis XIV. de fonger aux Alliances étrangeres. Il renouvella la Ligue du Rhin. Cette Ligue avoit été fignée à Francfort le 14 Août 1658. auffi-tôt aprés l'élection de l'Empereur.

Elle étoit entre le Roi, & les Electeurs de Mayence, de Treves & de Cologne; l'Evêque de Munster, le Duc de Neubourg, le Roi de Suede en qualité de Duc de Bremen & de Ferdant, la Maison de Brunswic & le Landgrave de Hesse. Elle étoit principalement pour faire observer la Paix de Munster, & pour empêcher l'Empereur d'envoyer du secours aux Espagnols dans les Païs-Bas; & on devoit la renouveller de trois ans en trois ans. C'étoit le Maréchal de Grammont & Lionne Ambassadeurs de France à la Diette pour l'élection de l'Empereur, qui l'avoient négociée. Ils signerent aussi un Acte avec le Comte Tot grand Ecuyer du Roi de Suede & son Ambassadeur (il étoit ami intime de ma Mere, & soupoit souvent chez elle.) J'ai envie de mettre ici l'état du Royaume de Suede, & les motifs du Traité qui fut conclu à Fontainebleau.

Le Roi de Suede étoit alors Charles II. de la Maison Palatine âgé de quatre ou cinq ans Il avoit succedé depuis peu à un Pere celebre par la conquête de Pologne & du Danemarc. Le Royaume de Suede étoit gouverné pendant sa minorité par un Conseil composé de la Reine & des cinq grands Officiers de la Couronne. Le Conseil se nommoit de Regence, & la Reine y avoit deux voix. Elle étoit maîtresse absoluë de l'éducation de son Fils. La Regente dans les affaires importantes ne pouvoit prendre de résolution sans consulter le Senat, qui étoit un Corps composé de trente-cinq Senateurs, outre les cinq grands Officiers ; & en cas qu'ils voulussent obliger le Royaume à fournir extraordinairement des Troupes ou de l'argent, il falloit assembler la Diette composée des quatre Etats, sçavoir la Noblesse, le Clergé, les Bourgeois, & les Païsans.

L'alliance avec la France avoit aidé aux Suedois sous le regne de Gustave Adolphe & de sa fille Christine, à se faire ceder des Provinces en Allemagne, qui les rendoient considerables plus que tout le reste de leurs Etats. Charles Gustave qui avoit succedé à Christine, avoit été uni avec la France, quoique d'une alliance moins étroite. L'amitié de cette Couronne n'avoit pas peu contribué à lui faire obtenir des conditions avantageuses dans les Trai-

tez

tez conclus avec le Danemarc , à Ro-
chiltz & à Copenhague. Outre ces Traitez qui terminerent les differens entre le Danemarc & la Suede , elle en
avoit conclu un autre à Olvic par la
médiation de la France , qui regloit les
interêts que la Suede avoit à démê-
ler avec la Pologne. Ainfi la tranquilité ne pouvoit être troublée que
du côté de la Mofcovie. Les Regens firent donc auffi la Paix avec les Mofcovi-
tes , afin de n'avoir plus rien à craindre de la part de leurs voifins. Mais
les conquêtes faites fous les trois derniers regnes , le grand fecours d'argent que la Suede avoit tiré de la France avoit accoûtumé les principaux
Seigneurs de la Cour à une dépenfe à
laquelle les Revenus ordinaires du
Royaume ne pouvoient pas fuffire. Ainfi pour conferver le grand air qu'ils
avoient pris , il fallut parvenir à des
négociations qui leur fiffent toucher de
l'argent des Païs étrangers. Dans ce
deffein ils tournerent les yeux fur la
France , dont l'alliance leur avoit toûjours été fi utile & fi honorable ; &
comme cette Couronne paroiffoit re-
foluë à entretenir la Paix avec l'Efpa-

gne ; il falut songer à des projets, qui
sans obliger la Suede à rentrer en Guerre ouverte pendant la minorité de son
Roi , pussent être assez utiles à la
France , pour l'engager à fournir des
grands subsides. Pour cela on proposa
de faire assurer la Couronne de Pologne au Duc d'Enguyen : on pré-
voyoit que du côté de l'Empereur il
y auroit de grands obstacles. La Suede s'engagea par un traité à fournir un
nombre considerable de Troupes pour
soûtenir en Pologne les interêts de
la France , moyennant un subside de
six cens mille écus par an. Le Comte
Tot reçut le premier payement qu'il
mangea en peu de tems. C'étoit un
homme bien fait , jeune , de beaucoup
d'esprit , magnifique , galant , grand
joüeur , donnant dans toutes les dépenses ; l'air noble , & parlant mieux
François que pas un Courtisan : & c'est
une remarque qu'on a faite , que de
tous les Etrangers , les Suedois sont les
plus ressemblans aux François , ont les
manieres les plus aisées , & gardent
moins l'accent de leur païs. Le Comte
Tot , fait comme je viens de le peindre , adoré & flatté des femmes , qui

trouvoient leur compte avec lui, trouva assez de moyens de dépenser son argent. Les affaires s'étant depuis tournées en Pologne de maniere à n'y pouvoir faire agir les Suedois, la Regente de Suede qui se vit hors d'état d'executer ce qu'elle avoit promis, & le Roi qui vit de son côté qu'il n'y avoit rien à faire en Pologne, tomberent d'accord de rompre le Traité. Le Chevalier de Trelon fut envoyé à Stokolm pour cela. On laissa aux Suedois, ou pour mieux dire, au Comte Tot, ce qu'il avoit touché & mangé; on le dispensa d'éxecuter ce qu'il avoit promis.

Il n'y avoit point de Traité à faire avec le Roi de Danemarc. Ce Prince ne songeoit qu'à joüir en paix de sa nouvelle autorité, & qu'à retenir dans le devoir la Noblesse de son païs, toûjours prête à remuer dès qu'elle trouveroit l'occasion de rentrer dans ses premiers droits. Je ne sçaurois m'empêcher de mettre ici les causes de la révolution qui venoit d'arriver dans ce Royaume-là. Frederic I I I. Roi de Danemarc, après avoir été dépoüillé de tous ses Etats, & réduit à la seule ville de Copenhague, que le Roi de Suede avoit pensé plusieurs fois emporter d'assaut, étoit devenu depuis la Paix beaucoup plus puissant qu'auparavant. Il y avoit rendu la couronne hereditaire pour sa femme , même pour ses filles ; & les Bourgeois de Copenhague avoient forcé la Noblesse à y consentir. Jusques-là la Noblesse avoit eu plus de pouvoir dans les Etats, que le Clergé ni les Bourgeois ; mais les Bourgeois de Copenhague s'étant aguerris pendant le Siege , commencerent à regarder avec mépris la Noblesse , qui presque sans resistance avoit abandonné aux Suedois le reste du Royaume. Un petit incident contribua en même-tems à soûtenir le Clergé. La Noblesse avoit fait faire un affront à la femme de l'Evêque de Copenhague ; les femmes des Gentilhommes trouvoient mauvais que d'autres personnes qu'elles eussent des imperiales à leurs carosses & avoient fait arracher en pleine ruë l'imperiale que la femme de cet Evêque avoit au sien. Gabel confident du Roi crut qu'il falloit se servir de l'occasion. Il sçavoit les sentimens des Bourgeois , qui ne pouvoient se lasser de donner des loüan-

ges à la constance du Roi, & sur tout
à la fermeté heroïque de la Reine, qui
avoit soûtenu l'esprit chancelant de
son mari, & la fortune de l'Etat. Il fit
une espece de triumvirat avec l'Evêque & le Prince Bourguemestre, fit
armer les Bourgeois : ce Gabel fit prendre les armes à ce qu'il y avoit de Troupes reglées ; & tous ensemble s'étant
rendus maitres des avenuës de la salle
où la Noblesse étoit assemblée, ils dé-
clarent qu'il falloit que les trois Etats
du Royaume unanimement, donnas-
sent à la Famille Royale des marques
de leur reconoissance. La Noblesse
ne pouvant s'en dédire, consentit à tout,
& les Etats renoncerent au pouvoir
d'élire leurs Souverains ; & déclarerent
qu'à l'avenir ils ne connoîtroient plus
d'autre Loi que la volonté du Prince.
L'Evêque de Copenhague fut fait Archevêque, le Bourguemeste eut de
l'argent, les gens de guerre obtinrent
le premier rang parmi la Noblesse, &
le reste des Gentilhommes se retire-
rent dans leurs Terres. Un si grand
changement dans le Royaume y tenoit
encore les esprits en mouvement, &
ils ne songeoient qu'à leurs affaires,

R iij

sans se vouloir mêler de celles des autres.

Mais c'est trop discourir des Païs étrangers. Le Roi en renouvellant la Ferme du Tabac se fit donner 600000. liv. de pot de vin, & en fit des liberalitez. La Reine Mere en eut dix mille pistolles, Monsieur & Madame chacun cinq mille ; Mademoiselle de Foüilloux amie de Mademoiselle la Valliere eut cinquante mille écus pour épouser le Marquis de Sourdis, & la Reine eut le reste. Ce n'est pas que le Roi fût encore fort bien en argent comptant, mais il commençoit à voir un peu plus clair dans les Finances ; & Colbert qui avoit la principale direction ne lui cachoit rien. Le dessein avoit été pris en arrêtant Fouquet de faire une Chambre de Justice dont on esperoit tirer plus de cent de millions. Tout l'argent du Royaume étoit entre les mains des Partisans, & comme à l'exemple du Surintendant, ils n'avoient sçu garder aucunes mesures, & qu'ils s'étoient jettez dans les belles maisons à Paris, & dans les grosses Terres en campagne, leur bien étoit au Soleil, & il ne paroissoit pas difficile de s'en saisir.

Dans le tems que tout fembloit dif-pofé à une bonne Paix , avec l'Ef-pagne , il arriva en Angleterre , une avanture qui penfa la rompre brufque-ment. Le Baron de Wateville Am-baffadeur d'Efpagne s'avifa de difpu-ter le pas au Comte d'Eftrades Am-baffadeur de France ; mais pour em-pêcher les malheurs qui en pouvoient arriver , le Roi d'Angleterre leur pro-pofa de ne point envoyer leurs caroffes à l'Entrée des Ambaffadeurs de Ve-nife , qui ne les avertiroient pas de leurs arrivées. Ce temperamment fut accepté de part & d'autre. D'Eftra-des le manda au Roi , qui fut fort en colere contre fon Ambaffadeur , & lui ordonna de foûtenir hautement à la premiere occafion la prééminence de fa Couronne. Un Ambaffadeur de Suede arriva à Londres quelque-tems après. D'Eftrades envoya fes caroffes bien efcortez pour l'accompagner , & prendre comme de raifon la premiere place. Tout marchoit en ordre à l'or-dinaire , lorfque l'Ambaffadeur d'Ef-pagne y envoya auffi les fiens accompa-gnez de plus de deux mille Bouchers , Braffeurs , ou Bateliers de la ville de

Londres. Les Espagnols fiers de leur
escorte voulurent preceder les François dans la marche , tuerent d'abord
les chevaux du Comte d'Estrades , &
plusieurs de ses Domestiques ; & triomphant l'épée nuë à la main , accompa-
gnerent seuls l'Ambassadeur de Suede.
Le Roi d'Angleterre avoit fait publier
des défenses aux Anglois , Ecossois &
Irlandois de prendre parti ; & le matin il avoit fait monter à cheval ses
Gardes , & envoyé quelque Infanterie
dans les Places pour empêcher le désordre : mais le peuple furieux & toûjours animé contre les François se joi-
gnit aux Espagnols , en criant : *Vive
l'Espagne.* Le Comte d'Estrades eut six
de ses gens tuez , & trente - trois bles-
sez. Le Roi d'Angleterre ressentit vi-
vement le peu de respect que ses sujets
avoient pour ses ordres , mais il n'osa
le témoigner. Le General Monk avoit
envoyé à Watville plusieurs Officiers
des Troupes sur lesquelles il conservoit
encore un reste d'autorité.

Le Roi fut averti par un courier extraordinaire de ce qui s'étoit passé à
Londres ; & voulant soûtenir hautement le droit de sa Couronne , à qui

l'Espagne contente de ne se pas trouver aux ceremonies n'avoit jamais songé à disputer, il envoya sur le champ dire au Comte de Fuensaldagne Ambassadeur d'Espagne qu'il sortît du Royaume ; qu'il fit sçavoir au Comte de Fuentes, qui venoit d'Allemagne pour resider auprès de lui en la même qualité, qu'il n'entrât pas dans ses Etats, & qu'il avertît le Marquis de Caracene que Sa Majesté avoit revoqué le passeport, qu'elle lui avoit accordé pour traverser la France en retournant en Espagne. Le même jour il envoya ordre à Courtin & à Talon ses Commissaires députez pour le Reglement des Limites en Flandres de rompre les Conferences avec ceux d'Espagne. Il dépêcha en même-tems du Vouldy, l'un de ses Gentilhommes ordinaires, à l'Archevêque d'Ambrun son Ambassadeur à Madrid pour lui porter ses ordres sur les declarations qu'il devoit faire au Roi d'Espagne ; & Cateux au Roi d'Angleterre, pour lui faire sçavoir ses résolutions, en cas que Sa Majesté Catholique ne lui donnât pas une entiere satisfaction sur cet attentat. La fermeté que le Roy eut en cette occa-

sion fit juger de son Gouvernement ,
& lui fit obtenir peu de moi après tout
ce qu'il pouvoit raisonnablement exi-
ger , & davantage.

Jamais l'Ambassadeur d'Espagne ne
pouvoit choisir un théatre plus éclatant
pour faire une insulte à l'Ambassadeur
de France. L'Angleterre étoit alors dans
sa splendeur. Le Roi Charles I I. étoit
rétabli sur le Trône de ses Ancêtres ,
& tous les Princes de l'Europe lui
avoient envoyé des Ambassadeurs pour
lui faire des complimens, ou pour renouveller avec lui les anciennes alliances.
La face des affaires avoit changé plusieurs fois en ce païs-là depuis la mort
de Cromwel. Son fils aîné Richard n'a-
voit ni les qualitez de l'esprit ni le
courage nécessaire pour se soutenir. Les
Republicains avoient tâché de faire
une Republique. Les Generaux vouloient que les Armées seules eussent
toute l'autorité. Les grands Seigneurs
ne se trouvant pas en état de parvenir à la premiere place , trouvoient
qu'il leur étoit plus avantageux de
partager la souveraine autorité avec un
seul homme tel qu'étoit un Roi , que
de vivre dépendans de tous ceux qui
composent le Parlement. Ainsi dans

les deux années qui s'étoient écoulées
depuis la mort de Cromwel , l'Etat
avoit changé de forme cinq ou six fois.
La fidelité de Monk, ou peut-être l'im-
possibilité de s'établir solidement, lui fit
prendre le parti de rappeller le Roi
Charles ; qui depuis son retour en Angleterre, avoit été occupé à rétablir les
Seigneurs & les Evêques , & à se mettre en possession de son autorité. Il
n'avoit pas voulu se servir des conjonc-
tures pour se rendre absolu. Ses Ministres plus attachez à la liberté qu'à la
gloire de leur Roi , lui donnoient des
conseils moderez. Il étoit naturellement
paresseux , & craignoit que les desseins
d'ambition ne l'empêchassent de joüir
des plaisirs inséparables de la Royauté ,
& ausquels ses souffrances passées le rendoient plus sensible que s'il eut toûjours
vécu dans l'abondance de toutes choses.
Il demeura neutre,& empêcha seulement
que la querelle des Ambassadeurs ne re-
commençât , en attendant que leurs
Maîtres se fussent accommodez.

Le premier Novembre à midi moins
sept minutes , la Reine accoucha à Fontainebleau de Monseigneur le Dauphin.
Nous nous promenions dans la cour

ovale ; & depuis vingt-quatre heures la
Reine étoit en travail , lorſque le Roi
ouvrit la fenêtre de ſa chambre , & an-
nonça lui-même le bonheur public, en
nous criant aſſez haut : *La Reine eſt accouchée d'un Garçon*. Cela me fait ſouvenir que quand Madame la Dauphine
accoucha à Verſailles de Monſieur le Duc
de Bourgogne , le Roi ſortit le premier
dans l'antichambre,& nous dit:*Madame
la Dauphine eſt accouchée d'un Prince*.
J'y étois preſent à tous deux , & remar-
quai une difference notable entre joïe &
joïe. On fut bien-aiſe de la naiſſance de
Monſeigneur le Dauphin : il y eut des
feux allumez par tout , & les Comediens
Eſpagnols danſerent un balet dans la
cour des Fontaines, devant le balcon de
la Reine Mere, avec des caſtagnettes,des
harpes & des guittares.Mais à la naiſſance de M.le Duc de Bourgogne, on devint
preſque fou.Chacun ſe donnoit la liberté
d'embraſſer le Roi. La foule le porta depuis la Sur-Intendance où Madame la
Dauphine accoucha, juſqu'à ſes appartemens. Il ſe laiſſoit embraſſer à qui vouloit. Le bas peuple paroiſſoit hors de
ſens ; on faiſoit des feux de joïe, & tous
les Porteurs de chaiſe brûloient familiere-

ment la chaise dorée de leur Maîtresse.
Ils firent un grand feu dans la Cour de
la Galerie des Princes, & y jetterent une
partie des lambris & des parquets de-
stinez pour la grande Galerie. Bontems
en colere le vint dire au Roi, qui se
mit à rire, & dit qu'on les laisse faire ;
nous aurons d'autres parquets. La joïe
parut aussi vive à Paris, & fut de bien
plus longue durée ; les boutiques furent
fermées trois jours durant ; toutes les
ruës étoient pleines de tables, où les paf-
fans étoient conviez & forcez à boire
fans payer ; & tel artifan mangea cent
écus dans ces trois jours, qu'il ne gagnoit pas dans une année.La joïe fut plus
moderée à la naissance de Monseigneur
le Dauphin. Le Roi envoya à Paris l'Abbé de Coislin son premier Aumônier, &
l'Abbé Fion à Melun délivrer les prifon-
niers ; & dépêcha des Gentilshommes
dans toutes les Cours de l'Europe, pour
y porter une nouvelle si importante. On
remarqua comme une chofe affez fingu-
liere, qu'il eut fait l'honneur au Duc de
Mazarin son sujet, de lui envoyer à Bri-
fac, où il étoit avec sa femme, le Fils de
Roze Secretaire du Cabinet, à qui le
Duc donna audiance avec la même pom-

pe qu'eut pû faire un Souverain. Le jeune Roze lui dit de la part du Roi , que
Sa Majesté lui faisoit part de la bene-
diction que Dieu avoit répanduë sur son
mariage , & qu'elle lui ouvroit son cœur
avec d'autant plus de joïe , qu'il étoit
l'héritier, & portoit le nom de ce grand
homme , qui avoit fait le bonheur de la
France, par la Paix des Pyrennées. Roze
étoit alors fort bien avec le Roi. Il y
avoit plus de trois ans qu'il étoit Secretaire du Cabinet , sans pourtant avoir
quitté le service du Cardinal. Il avoit
de l'esprit & de la capacité , écrivoit facilement , & plaisoit à son Maître. Il
m'a conté qu'il n'avoit jamais signé pour
le Roi qu'une fois en sa vie. La Cour
étoit en Provence. La nouvelle y vint de
l'extrêmité où étoit M. le Duc d'Orleans,
le Roi manda à Roze , qui étoit à Aix
auprès du Cardinal , d'écrire une lettre
de compliment à Madame , & de la signer (*LOUIS* ,) & écrivit en même
tems au Cardinal d'ordonner à Roze de
le faire. Roze se le fit commander quatre fois , conjurant le Cardinal de faire
la signature ; puisque personne au monde ne sçavoit mieux que lui contrefaire
toutes sortes d'écritures , & dans une si

grande perfection , que Roze lui-même
y étoit souvent trompé ; mais le Cardinal par raison ou par fantaisie , ne voulut pas signer. Autrefois les Secretaires
d'Etat ne signoient pas pour le Roi ; &
c'est M. de Villeroi qui signa le premier,
par le commandement exprès de Charles IX. Ce Prince étoit fort vif dans ses
passions ; & Villeroi lui ayant présenté
plusieurs fois des dépêches à signer dans
le tems qu'il vouloit aller joüer à la
paume : *Signez , mon Pere* , lui dit-il ,
signez pour moi. Hé bien , mon Maître ,
reprit Villeroi, puisque vous me le com-
mandez, je signerai ; & depuis ce tems-là
les Secretaires d'Etat ont signé pour le
Roi.

Cependant le Roi avoit donné ses
ordres pour une Chambre de Justice.
Elle fut composée du Chancelier Se-
guier , qui y présidoit ; de Lamoignon ,
Premier President du Parlement ; de
Nesmond President à Mortier ; de Pont-
chartrain Président de la Chambre des
Comptes ; & de Dorieux Président de la
Cour des Aides ; de Talon Avocat Ge-
neral du Parlement , enfin du Procureur
General. Il y avoit cinq Maîtres des Re-
quêtes ; sçavoir Boucherat, d'Ormesson,

Poncet , Benard de Rezé & Voifin. Quatre Confeillers de la Grand-Chambre ; fçavoir Fayet , Cannut , Brillac & Renard. Deux Confeillers du Grand-Confeil , Puffort & Choüart. Deux Maîtres des Comptes, Mouffu , & Boffu de Jau. Deux Confeillers de la Cour des Aides , le Feron & le Boffau ; & neuf Confeillers tirez de neuf Parlemens des Provinces ; fçavoir Maunat de Touloufe , Verdiers de Bordeaux , Fraifon de Grenoble , &c.

L'envie d'écrire des Mémoires fur la Vie du Roi m'ayant faifi l'année paffée, je les commençai dès l'an 1661. lorfqu'à la mort du Cardinal Mazarin , ce Prince qui fe cachoit en lui-même jufqu'à l'âge de 22. ans, fe montra tel qu'il eft, & furprit tout le monde , par une capacité qu'on n'attendoit pas de lui. J'ai déja mis par écrit beaucoup de particularitez de ce tems-là ; mais j'avoüe que les chofes fi éloignées m'ont ennuyé, & j'ai fongé à me rapprocher des évenemens courans. M. le Marquis de Dangeau m'ayant laiffe voir les journaux, qu'il écrit tous les ans de la Vie du Roi ; j'y ai trouvé des dattes fort fûres , ce qui m'a fait prendre le Parti

de

de recommencer mes Mémoires à la révocation de l'Edit de Nantes. C'eſt une époque très-conſiderable, puiſque c'eſt l'origine de la plus cruelle guerre qui ait affligé la France depuis un ſiécle. J'ai auſſi des raiſons particulieres de choiſir cette année-là. Mon voyage de Siam s'y rencontre ; j'y rapporterai quelques faits inconnu au Public ; ce n'eſt pas merveille que j'en ſçache là-deſſus plus qu'un autre. Le Journal de M. de Dangeau me ſervira d'un guide aſſuré, tout y eſt vrai; & ſi la grande ſageſſe & la trop grande circonſpection de l'Auteur l'ont empêché d'y mettre beaucoup de faits curieux, parce qu'ils auroient pû fâcher quelqu'un, & qu'il n'a jamais voulu fâcher perſonne, je n'aurai pas tant d'égards que lui. Je mettrai à la lettre tout ce que je ſçaurai & ce que j'apprendrai par des voyes ſûres & ſecrettes. Ces Memoires-ci ne ſont pas faits pour être imprimez. Je ſerai content d'eux, pouvû qu'ils me faſſent paſſer quelques quarts d'heures ſur mes vieux jours, & qu'ils puiſſent réjoüir mes amis, à qui je me ferai un plaiſir d'en faire la confidence. Au reſte, en écrivant ceci, je ne crois pas manquer à mon ami. Si je

profite de son Journal, je lui rends justice, en disant franchement que j'en profite ; & j'avouë ici que j'en ai tiré de
trés bonnes choses. Après cet aveu je ne
crois pas être obligé de m'aller déceller
presentement à celui que j'ai volé,& que
je prétens voler encore ; c'est l'homme
du monde le plus volable sur ces sortes
de matieres. Il a été toute sa vie dans
le plus fin de la Cour ; il a tout sçû &
tout vû,& de ses propres yeux. Il est vrai
qu'il ne dit jamais rien ; c'est le modéle
d'un bon Courtisan. Uniquement atten-
tif au Roi, qu'il aime personnellement ,
& au moindre petit Ministre , à qui il ne
voudroit pas déplaire : aussi ne contai-
je pas de tirer de lui aucune chose qui
puissent être désavantageuse à quelqu'un.
Il sera pour mes Mémoires la source du
bien ; & peut - être qu'à la Cour de
France , il ne me sera pas impossible de
trouver une source de mal ; car pour y
être bien instruit , il faut sçavoir le bien
& le mal.

Le Roi Louis le Grand en
faisant la paix de Nimegue , étoit par-
venu au comble de la gloire humaine.
Après avoir en mille occasions fait ses
preuves sur la conduite des Armées ,

& sur la valeur personnelle, il s'étoit dé-
sarmé lui-même au milieu de ses victoi-
res ; & se contentant de ses conquêtes, il
avoit donné la Paix à l'Europe, aux conditions qui lui avoient plû. La terreur de
son nom l'avoit mis en état de faire valoir ses prétentions sur la Ville & la Pro-
vince de Luxembourg , & même sur le
bord du Rhin. Il s'étoit emparé de Strasbourg ; il avoit acquis Casal & sans tirer
l'épée , en faisant donner une infinité
d'Arrêts par une certaine Chambre éta-
blie à Metz ; Arrêts qu'il croyoit tous
justes , sur la foi de son Ministre de la
guerre. Il avoit reculé toutes les Frontieres de son Royaume, & mis presque sous
le joug quatre Electeurs de l'Empire , &
tous les autres Princes voisins.

L'Empereur se voyant engagé à la
guerre contre les Turcs , dissimuloit &
promettoit aux Princes du Rhin , qu'un
jour il les tireroit d'oppression ; & cependant il avoit signé avec le Roi de France,
une Treve de vingt ans , & l'avoit fait
signer au Roi d'Espagne, dont le Conseil
étoit entierement gouverné par celui de
Vienne.

Le Roi de Pologne fier d'avoir sauvé
l'Empire , en faisant lever le Siége de

Vienne, se préparoit à profiter de la consternation des Turcs. Il eut bien voulu attaquer la Forteresse de Kaminieck ; mais il n'osoit en faire le Siége dans les formes, parce que l'Infanterie Polonoise ne vaut rien, & il ne la pouvoit prendre par famine ; parce que les Tartares y faisoient entrer de tems en tems des convois de vivres & de munitions de Guerre. Il avoit envoyé des Ambassadeurs à Moscow , pour tâcher de faire la Paix avec le Czar , & l'obliger à déclarer la Guerre aux Turcs ; & il se flattoit que s'il pouvoit l'engager à faire une diversion en Tartarie , il pourroit entrer dans la basse Arabie au Boudgiac , s'emparer de Bialogrod, & de quelques autres places sur la Mer noire , couper par-là la communication entre les Turcs & les Tartares , & les empêcher de se secourir mutuellement : ce qui feroit tomber Kaminieck de lui-même , & donneroit le moyen à l'Empereur de poursuivre ses conquêtes en Hongrie , où il n'auroit affaire qu'aux Turcs.

Les Venitiens de leur côté faisoient de grands progrès dans la Morée, & paroissoient souvent avec leur Flote à l'embouchure des Dardanelles.

Le Roi de Suede oubliant que le Roi par la Paix de Nimegue lui avoit fait rendre ses Etats d'Allemagne, piqué sur l'affaire de Deux-Ponts, étoit prêt à se joindre à nos Ennemis ; & cela d'autant plus qu'il voyoit le Roi de Dannemark prendre sa place parmi nos Alliez, & faire avec nous des Traitez de Ligue défensive, par lesquels les Parties se promettoient mutuellement de se secourir en cas de besoin, de six mille hommes & de deux Vaisseaux de guerre.

Le Prince d'Orange plus ambitieux que jamais, ne songeoit qu'à r'allumer la guerre, qui seule pouvoit l'élever. Ses Charges de Stathouder & de Capitaine General en Hollande, lui avoient donné le moyen de se faire des créatures : & par une application continuelle, & une grande capacité, il s'étoit rendu aussi absolu dans les Provinces-Unies, que s'il en eût été Souverain. Il avoit eu l'adresse de mettre l'Electeur de Brandebourg dans sa dépendance, en promettant à l'Electrice de procurer de grands avantages en Hollande aux Enfans qu'elle avoit de l'Electeur, dont elle étoit la seconde femme. Il avoit dans le commencement de sa vie tenté toutes sortes de moyens pour avoir l'amitié & la protection du Roi ; mais n'ayant pû y réüssir , il avoit pris des mesures contraires , en disant fierement, *du moins j'aurai son estime*. A la mort du Roi Charles I I. Roi d'Angleterre , il s'étoit flatté d'une Couronne ; & ne croyant pas que les Anglois pussent souffrir un Roi Catholique , il avoit en secret assisté d'hommes & d'argent le Duc de Montmouth , & lui avoit facilité les moyens de faire des préparatifs en Hollande pour passer en Angleterre. Il esperoit qu'il se pourroit former un assez grand Corps de Mécontens pour embarrasser le nouveau Roi , & attendoit à voir les deux parties à peu près égales , pour se rendre l'arbitre & le maître , sous le titre de Médiateur. Mais quand il vit que Montmouth , après s'être fait proclamer Roi , contre la parole qu'il lui avoit donnée , avoit échoüé dans ses desseins chimeriques , il sentit bien que le Roi d'Angleterre étoit encore trop puissant pour être attaqué à force ouverte ; & ne songea qu'à lui susciter dans ses Royaumes un plus grand nombre d'ennemis. Il fit envisager aux Pro-

teftans , tant Epifcopaux que Prefby-
teriens , tout ce que leur Roi faifoit en
faveur de la Religion Catholique , &
leur perfuada autant qu'il put , que
cette Religion imperieufe n'en pouvoit
fouffrir aucune autre ; que ce Prince
après avoir obtenu , comme par grace ,
la liberté de confcience pour les Catholiques , abuferoit bien-tôt de la com-
plaifance de fes Sujets , & les empêche-
roit eux-mêmes de profeffer la Religion qui domine en Angleterre depuis
la Reine Elifabeth. Il faifoit craindre
le pouvoir fans bornes ou arbitraire ,
à ceux qu'il croyoit plus fenfible à la liberté de leur Païs, qu'à celle de leur Eglife , & leur mettoit devant les yeux l'e-
xemple du Roi Très-Chrétien , qui n'a-
voit de loi que fa volonté. Il méditoit
en même-tems une Ligue contre la France , où il prétendoit faire entrer l'Empereur, le Roi d'Efpagne & tous les Princes d'Allemagne. Enfin , fans fortir de
fes Maifons de plaifance , où il paroiffoit
tout occupé de la chaffe , il agiffoit en
cent lieux differens , & préparoit la plus
cruelle Guerre qui ait été en Europe depuis plufieurs fiécles.

Le Roi averti de toutes fes menées ,

ne s'endormoit pas. Il avoit un Traité
secret avec le Roi d'Angleterre , qui
paroissoit prendre tous les jours une
nouvelle autorité. Le Roi de Dane-
mark étoit dans son alliance ; il n'avoit
pas rompu avec le Roi de Suede ; les
princes du Rhin se plaignoient , mais
leur foiblesse répondoit de leur docilité,
& l'Empereur étoit assez occupé du côté
de la Hongrie.

D'ailleurs, les Frontieres du Royaume étoient assez bordées de bonnes Places ; les Troupes étoient en bon état ,
& huit ans de paix avoient ramené
une Jeunesse qui ne demandoit que
l'occasion de signaler son courage. Il
n'y avoit rien à craindre du côté de
l'Italie. Pignerol & Cazal sembloient
répondre du Duc de Savoye. Les autres Princes étoient trop peu de chose
pour y avoir attention ; & la beauté
du climat ne les portoit qu'à la vie
douce. Ainsi le Roi se reposant sur la
foi de la Treve , & encore plus sur sa
puissance , songea tout de bon à contenter son zele en bannissant l'Héresie
de ses Etats. Il y avoit toûjours songé
depuis qu'il gouvernoit , & ce grand
dessein s'étoit acheminé peu à peu. Les

Chambres

Chambres de l'Edit avoient été caffées. On avoit abbatu plus de quatre cens Temples. Les Huguenots n'étoient plus admis dans les Charges de Police & de Finance. Toutes les portes des Fermes leur étoient barrées ; on leur avoit ôté les Medecins & les Sages - Femmes de leur Communion : on commençoit même à s'appercevoir qu'ils avoient peine à s'avancer dans les emplois de la guerre. Ces moyens étoient doux & partoient d'une profonde fageffe, mais ils ne parurent pas affez prompts au zele d'un puiffant Roi, qui s'imagina que la gloire de Dieu étoit intereffée, & que pour la procurer dans une affaire fi importante, il falloit facrifier la Politique à la Religion. Il étoit pouffé par Louvois à forcer toutes les barricades. Ce Miniftre infatiable de crédit fouffroit impatiemment les audiances frequentes que le Roi donnoit à l'Archevêque de Paris, au Pere de la Chaife, & même à Peliffon. L'Archevêque lui portoit des Livres qu'il faifoit faire pour l'inftruction des Huguenots. Le Pere lui propofoit toûjours la démolition de quelques Temples, & Peliffon lui rendoit compte du revenu des œcono-

mats qu'il diſtribuoit à ceux qui ſe con-
vertiſſoient. Louvois voulut couper
court à tous ces entretiens qui lui de-
venoient ſuſpects ; & ſans tant de fa-
çons il preſſa fortement la révocation
de l'Edit de Nantes. Le Roi mit la choſe en délibération dans ſon Conſeil ; les
avis furent partagez : les uns vouloient
qu'on ſuivît toûjours les mêmes maximes , & qu'on fit tout par douceur ; les
conſciences , diſoient-ils , ne ſe gouver-
nent pas le bâton haut : les manieres
dures au lieu de gagner révoltent ; le
zele des Rois a beſoin d'être reglé ; ils
doivent le repos à leurs Sujets avant
toutes choſes ; & dans cette occaſion
pouſſer les Huguenots aux dernieres
extrêmitez , c'eſt tout hazarder. En
leur ôtant tout exercice , en révoquant
l'Edit de Nantes , on les jettera dans
le deſeſpoir ; il y en a plus d'un million dans le Royaume , & parmi eux
beaucoup de Marchands riches , de
vieux Matelots , d'ouvriers habiles,
d'Officiers experimentez. Si l'on ne
garde plus aucune meſure , ajoûtoient-
ils, on les mettra dans la neceſſité , ou
de ne faire aucun exercice de leur Religion , ou de déſobéïr au Roi en fai-

fant des assemblées clandestines ; tant qu'on leur laissera quelque Temple & quelque exercice , la difficulté pourra rebuter le plus grand nombre , mais au moins les plus zelez trouveront quelque possibilité à vivre dans leur Religion , sans se rendre coupable d'une désobéïssance manifeste ; qu'on ne pourroit plus dissimuler , ni laisser impunie. Qu'arrivera-t-il s'ils sont opiniâtres ? Ils ne feront peut-être pas une Guerre civile dans le point de puissance où est le Roi , mais ils sortiront de France ; ils ruïneront le commerce ; ils emporteront beaucoup d'argent ; & en diminuant nos forces par leurs désertions , ils augmenteront celles de nos Ennemis.

Les autres transportez peut-être d'un zele indiscret , crôient qu'il ne falloit pas craindre une poignée de gens , qui se voyant méprisez & sans Chefs , perdroient bien-tôt courage ; que toutes les Personnes de condition abandonnoient leur parti , & que des Villes entieres s'étoient converties à la premiere vûë des Hoquetons de l'Intendant de Poitou , & que quand le Maître parleroit tout de bon , &

fans aucun détour , tout fuivroit comme des moutons ; qu'ainfi le tems
étoit venu de donner le dernier coup à
l'Herefie & à la Rebellion ; que le Roy
en Paix , craint de tous fes voifins ,
avec des Troupes nombreufes & aguer-
ries , pouvoit tout entreprendre & tout
executer ; & qu'à lui feul étoit réfervé la
gloire d'un projet fi Chrétien , que fix
des Rois fes prédéceffeurs avoient tenté
inutilement.

Ces raifons perfuaderent un Prince
quelles flatoient dans fon deffein favori. Son zele y trouvoit de quoi fe
contenter ; & la chofe étant difputée
entre fes Miniftres , il crut pouvoir
même en bon Politique , fuivre le pen-
chant de fon cœur , & ne ménagea plus
les ennemis de la veritable Religion ,
qu'il réfolut de traiter comme fes propres ennemis. Il fit publier cette fa-
meufe Déclaration qui révoque l'Edit
de Nantes , où il déclara qu'en cela il ne
fait que fuivre le deffein de fon Ayeul
Henri le Grand , & de fon Pere Loüis le
Jufte , & qu'il y a toûjours fongé depuis
qu'il gouverne fon Etat. Il le figna avec
un zele veritablement Apoftolique ;
mais par ce petit trait de plume il priva

son Royaume d'un million d'hommes, & de plus de deux cens millions d'argent comptant. Le Chancelier le Tellier signa cette Déclaration avant que de mourir, & dit qu'il n'avoit plus de regret à la vie, puisqu'il voyoit le Huguenotisme aboli en France. Il avoit de bonnes choses.

J'ai fait son portrait dans mes Memoires sur l'année 1661. Il étoit de bonne humeur à Chaville, & suivant la coûtume des vieilles gens, il aimoit fort à conter. Il me souvient qu'il nous conta un soir une avanture de M. de Guise le Balaffré, qu'il disoit tenir de son grand-Pere auteur contemporain. M. de Guise avoit épousé une Princesse de Cleves, veuve du Prince de Ponthieu. Elle étoit belle, & vivoit dans une Cour fort galante ; on l'accusoit de n'être pas insensible à la passion de Saint - Maigrin. Un jour que la Reine Catherine de Médicis faisoit une Fête, où toutes les Dames devoient être servies par de jeunes-gens de la Cour qui portoient leurs livrées, M. de Guise pria sa femme de n'y point aller, l'assurant fort qu'il étoit persuadé de sa vertu ; mais que le monde

parlant d'elle & de Saint - Maigrin , il
falloit le faire taire. Madame de Guise lui dit qu'elle ne pourroit pas déso-
béïr à la Reine , qui lui avoit dit d'y
aller. Elle y alla. La Fête dura jusqu'à
six heures du matin. Elle revint chez
elle ; mais à peine fut - elle couchée ,
qu'elle vit entrer dans sa chambre M.
de Guise , suivi d'un seul Maître d'Hôtel , qui portoit un boüillon. Il ferma
la porte , s'approcha du lit , & lui dit
d'un ton sévere : Madame , vous ne
voulûtes pas faire hier au soir ce que
je souhaitois ; vous le ferez présente-
ment ; les divertissemens vous auront
échauffée , il faut prendre ce boüillon.
Madame de Guise se mit à pleurer ,
demanda un Confesseur , & ne douta
point que ce ne fût du poison. Elle
étoit seule , M. de Guise parloit en
Maître , il fallut obéïr. Dès que le
boüillon fut avalé , il la laissa seule bien
enfermée dans sa chambre. Trois heures après l'étant venu retrouver : Madame , lui dit-il , vous avez passé une
nuit assez désagréablement , j'en suis
cause ; jugez de toutes celles que vous
m'avez fait passer aussi désagréablement pour le moins. Rassurez - vous ,

vous n'en aurez que la peur ; je veux croire que j'en suis quitte à aussi bon marché ; mais ne nous en faisons plus l'un l'autre.

M. le Tellier mourut en proférant toûjours des Sentences, & laissa vacante la premiere Charge du Royaume. Le Roi la donna le lendemain à Boucherat, qui, après avoir exercé l'un après l'autre tous les emplois de la Robe, & s'y être fait distinguer, par une profonde capacité & un parfait désintereßement, se vit élevé par son seul merite sans brigue & sans faveur sur le trône de la Justice.

Mais le Roi ayant appris vers le commencement de l'année 1686. que la plûpart des Princes de l'Europe jaloux de sa gloire & craignant sa puißance, se liguoient contre lui ; que les négociations s'échauffoient de toutes parts, & que l'Empereur songeoit même à faire la Paix avec le Turc, pour tourner ses forces vers le Rhin, il songea de son côté à se mettre en état de soûtenir l'effort de tant de Nations conjurées, & prit la résolution de ménager un trésor, en retranchant les dépenses superfluës. Il avoit employé l'année précedente quinze millions en bâtimens, & ne fit le fond que de quatre l'année courante, résolu d'entretenir seulement les Aqueducs déja commencez pour conduire des eaux à Versailles, en remettant ce grand ouvrage à un tems plus commode, & où il auroit moins besoin d'argent.

Cette résolution étoit bonne, mais il n'eut pas la force de la tenir. L'envie de voir une riviere à Versailles, fut la plus forte & les travaux continuerent. Il ne laissa pas de faire rembourser à Bontems quatre cens cinquante mille livres qu'il lui avoit fait avancer en Collations & en soupers depuis dix ou douze ans. Bontems étoit bien le meilleur Valet qui ait jamais été ; le plus affectionné, cachant un bon esprit & assez de finesse sous un exterieur grossier ; fidelle sans interêt & sans ambition, ne songeant qu'à faire le profit du Maître sans presque songer à établir sa famille. Quand le Roi lui donna la survivance de sa Charge de Premier Valet de Chambre pour son Fils aîné, il l'assûra qu'il ne lui demanderoit jamais rien ; & je crois, Dieu me veuille pardonner, qu'il lui a tenu parole , choſe incroyable dans un pareil Courtiſan, qui étoit ſix fois par jour à porté de demander & d'obtenir. Auſſi le Roi paroiſſoit-il l'aimer tendrement ; & quand ſa Fille mourut dans le tems qu'il l'alloit marier,ce grand Prince auſſi ſenſible qu'un Particulier , eut la bonté d'employer quelques momens à le conſoler.

Il diminua de quatre millions le fond pour la Marine,& ne voulut plus acheter de Diamans , quoique depuis long-tems il eut accoûtumé d'en acheter tous les ans pour deux millions. Il envoya à l'ordinaire cinq mille Louis d'or à M. le Dauphin pour ſes étrennes,& trois mille à Madame la Dauphine ; & peu de jours après il fit une Fête à Marly , où il donna pour plus de quinze mille piſtoles d'étoffe d'or , de bijoux & de pierreries. On voyoit dans le Salon de Marly , les boutiques des quatre Saiſons de l'année. Monſeigneur , & Madame de Monteſpan tenoient celle de l'Automne ; M. du Maine & Madame de Maintenon tenoient celle de l'Hiver ; M. le Duc de Bourbon & Madame de Thianges celle de l'Eté ; Madame la Ducheſſe de Chevreuſe & Madame de Bourbon tenoient celle du Printems. Il y avoit dans chaque boutique de tout ce qui convient à chaque Saison. Les hommes & les femmes de la Cour y joüoient sans donner de l'argent, & emportoient tout ce qu'ils gagnoient ; & quand le jeu fut fini, le Roi & Monseigneur donnerent tout ce qui restoit dans les Boutiques.

Cependant le Roi apprit avec une joïe incroyable, qu'il se faisoit une infinité de conversions dans les Provinces, & qu'en plusieurs endroits des Villages entiers s'étoient rendus Catholiques. Cela fit résoudre à continuër l'entreprise ; & on donna un Arrêt du Conseil d'enhaut, par lequel il étoit ordonné aux Huguenots de mettre leurs enfans qui seroient au dessous de seize ans, entre les mains de leurs plus proches parens Catholiques, & à leur défaut des gens nommez par le Roi. La Comtesse de Roye, à qui on avoit ôté cinq de ses enfans, pour les faire élever dans la Religion Catholique, obtint la permission d'aller en Dannemark avec ses deux filles aînées trouver son mari, qui s'y étoit retiré depuis quelque-tems. Le Maréchal de Schomberg s'en alla en Portugal avec sa femme & le Comte Charles son fils ; & Ruvigni avec ses enfans passà en Angleterre. Le Roi leur conserva leurs appointemens. Il ne se contentoit pas d'envoyer des Prédicateurs dans toutes les Provinces, il prêchoit en quelque façon lui-même, & par un zele digne d'un Roi Très-Chrétien , il fit venir dans son cabinet le Duc de la Force Huguenot , des plus opiniâtres , & le pressà avec tendresse d'ouvrir les yeux à la verité, ce qui fut pourtant fort inutile.

Tout paroissoit assez tranquille à Londres , grande Ville si sujette aux révolutions. Le Roi Jacques II. ne songeoit uniquement qu'à procurer aux Catholiques la liberté de conscience. Il y avoit deux principaux obstacles qui s'opposoient à son dessein. L'un étoit les loix penales, & l'autre les sermens de Suprematie & du Test. On nommoit les loix penales des loix faites dans les Parlemens, par lesquels on ordonne des peines contre les Catholiques qui faisoient exercice de leur Religion. Le serment de Suprematie avoit été introduit sous la Reine Elisabeth. On y juroit qu'on reconnoissoit le Roi d'Angleterre pour Chef de l'Eglise. Le Test étoit un autre serment établi par acte du Parlement de

1673. par lequel on renonçoit à la croyance de la Transubstantiation, & ce serment se nommoit Test, parce que c'étoit un témoignage certain de la Religion de celui qui le prêtoit. Tous les Officiers de Cour, de Guerre, de Police, étoient obligez de prêter ces deux Sermens. Quelques Catholiques avoient crû pouvoir sans blesser leur conscience, prêter celui de Suprematie, & reconnoître leur Roi pour Chef de l'Eglise, entendant par l'Eglise, l'Eglise Anglicane ; & c'étoit pour les exclure entierement des Charges, que leurs ennemis avoient inventé en 1673. le Serment du Test, que nulle explication ne pouvoit rendre innocent. Le Roi d'Angleterre voulant abolir tant les loix penales, que le Serment de Suprematie & du Test, commença par donner des dispenses, qui exemtoient des peines & des sermens. Et pour assurer davantage la liberté de conscience, il fit ce qu'il put pour porter les Anglois & les Ecossois à confirmer ces dispenses par des Actes du Parlement. Il esperoit que les peuples de ces trois Royaumes ne lui refuseroient rien après les marques d'estime qu'ils luí avoient données depuis son avenement à la Couronne. Celui d'Ecosse venoit de lui accorder un subside de deux cens mille livres sterlin, & avoit annexé à la Couronne à perpetuité le droit d'éxise ou sur les boissons, que le Roi Charles II. son frere n'avoit jamais pû obtenir que pour sa vie. Le Parlement d'Angleterre n'étoit pas moins soumis. Il avoit declaré qu'il se contentoit de la parole que le Roi lui donnoit de proteger la Religion Anglicane & avoit renvoyé pleinement absous le Comte de Dambis & les autres Seigneurs Catholiques, qui n'étoient sortis de prison quelques années auparavant, qu'en donnant caution de se representer. Ainsi le Roi d'Angleterre se croyoit en état de faire tout ce qu'il voudroit. Il venoit d'envoyer en Irlande sa Maîtresse Mademoiselle de Chelsi, qu'il avoit créée Comtesse de Dorchester ; & quoiqu'il en eut deux garçons, il lui avoit fait dire, qu'un Prince qui hazardoit son Etat & son repos pour la Religion Catholique, ne pouvoit plus la voir en honneur ni en conscience. En effet, il hazardoit beaucoup en envoyant publiquement un Ambassadeur au Pape, & marquant en toutes occasions son attachement à la Religion Catholique.

Le Roi de son côté s'abandonnoit à son zele. Mais dans le tems qu'aimé de ses sujets & redouté de ses Voisins, il sembloit n'avoir rien à souhaiter, il commença à se sentir homme comme un autre, & son corps devint su,et aux infirmitez de la nature. Il lui vint une tumeur à la cuisse, qui l'obligea plusieurs jours à garder le lit ; & il eut quelque atteinte de goute. On lui appliqua la pierre de cautere ; on lui fit des incisions ; il souffrit de grandes douleurs, & ne laissa pas de tenir ses Conseils à l'ordinaire. Il s'amusoit les apresdinées à voir ses Medailles ; & ce fut ce qui augmenta beaucoup le grand crédit du Pere de la Chaise son Confesseur. Ce Pere aimoit fort les Medailles, & prétendoit s'y connoître. Il prit ce prétexte pour être presque toûjours avec le Roi, & dans la conversation il poussa des bottes au pauvre Archevêque, qui par sa conduite lui donnoit beau ; & le fit exclure de la connoissance des Benefices, s'en appropriant à lui seul la nomination, où l'Archevêque avoit beaucoup de part avant ce tems-là. Ils commencerent à aller séparément à l'Audience des Vendredis. L'Archevêque ne rendoit compte au Roi que de quelques procès qu'il avoit jugez ; & Sa Majesté le ménageoit encore, parce qu'elle croyoit en avoir besoin pour les assemblées du Clergé. Mais le bon Pere avoit seul la Feüille des Benefices, qu'il ne montroit plus à personne.

Le mal du Roi ne le rendoit pas plus chagrin ; il vouloit que l'on se réjouît en son absence. Monseigneur alloit presque tous les jours à la chasse du loup, & Madame la Dauphine tenoit les Appartemens à l'ordinaire. M. le Duc du Maine & Madame de Bourbon firent plusieurs Mascarades, & joüerent plusieurs Comedies dans la ruelle du lit du Roi. Il ne se levoit point ; il entendoit la Messe dans sa chambre, & tous ses Courtisans le voyoient à son dîné & à son soupé. Il paroissoit à cette occasion qu'il étoit Roi; puisqu'il étoit obligé de se contraindre & de dévorer son mal devant le monde, ce que le moindre de ses Sujets n'eût pas fait. Il dînoit & soupoit en particulier les jours maigres, parce qu'il mangeoit de la viande ; & quoique malade il n'en vouloit pas manger par scrupule.

Son zele pour la Religion Catholique augmentoit de jour en jour. Il n'épargnoit ni soin ni dépense pour faire instruire les nouveaux Convertis. Il fit imprimer à ses dépens pour plus de quatre-vingt mille livres de Livres de Pieté & de Religion, qu'il faisoit distribuër dans les Provinces ; & cela dans le tems qu'il retranchoit la plûpart de ses plaisirs. Il faisoit de continuelles graces aux nouveaux Convertis. Il donna quarante mille livres au Marquis de Verac , pour lui aider à payer sa Charge de Lieutenant de Roi de Poirou, que le Comte de Parabere lui avoit vendu quatre-vingt mille livres. Il fit plus ; en voyant qu'il ne pourroit jamais déraciner le Calvinisme du Dauphiné, tant qu'il y auroit des Barbets dans les Vallées voisines de Pignerol, il persuada au Duc de Savoye de les en chasser, ou de les obliger à se convertir. Il lui offrit même un secours de Troupes , que le Cardinal devoit commander , au cas que les Edits & les raisons fussent inutiles.

Ces Barbets sont des Heretiques, reste des anciens Vaudois & des Albigeois qui firent tant de désordres en France dans le treiziéme siecle. Voici pourquoi on les a appellez Barbets. *Barba* dans la langue ou jargon du Païs , signifie Oncle.

Oncle. Ces Heretiques expliquant à leur mode le passage de l'Evangile, qui défend d'appeller aucun homme du nom de Pere, parce que Dieu seul est nôtre véritable Pere, crurent qu'ils ne devoient pas donner le nom de Pere à leurs Ministres; & ils leur donnerent le nom de Barba, ou d'Oncles, qui après celui de Pere, leur paroissoient le plus propre à marquer leurs respects; & du nom de Barba qu'ils donnerent à leurs Ministres; ils furent eux-mêmes nommez Barbets par ironie ou par sobriquet, de la même maniere que les ennemis des Catholiques les nommerent Papistes, à cause de leur soumission au Pape, & qu'en Angleterre on nomme Episcopaux ceux qui tiennent le parti des Evêques; & Presbyteriens, ceux qui tiennent celui des Prêtres. Ces Heretiques avoient gardé la plûpart des erreurs des Vaudois, sur tout une haine irréconciliable pour le Pape; ce qui les unissoit d'interêt & de sentimens avec les Huguenots de France, dont plusieurs s'étoient retirez parmi eux.

Ce fut en ce tems-là que M. le Duc de Chartres commença à venir à la Cour. Le Roi lui fit rendre des honneurs extraordinaires, & regla que le Grand

Aumônier lui donneroit lui-même du pain beni à la Meſſe ; & que les Secretaires d'Etat lui preſenteroient la plume, quand il faudroit ſigner quelque Contrat de Mariage ; ce ſont des honneurs qu'on ne fait point aux Princes du Sang , auſſi le traite-t-on comme Petit-Fils de France. Le Maréchal d'Eſtrades , ſon Gouverneur, étoit mort depuis peu ; il avoit fait ſa fortune , plus par eſprit que par courage; les négociations l'avoient avancé pour le moins autant que la guerre , & ſur ſes vieux jours , on l'avoit chargé de l'éducation laborieuſe d'un jeune Prince, ce qui ne convenoit, ni à ſon humeur , ni à ſa ſanté. Il avoit ſuccedé dans cet emploi, au Maréchal de Navailles ; ce qui fit dire à Benſerade, que Monſieur avoit beaucoup de peine à élever des Gouverneurs à ſon Fils. Le mot eut été encore meilleur après la mort de M. le Duc de la Vieuville, qui ſucceda au Maréchal d'Eſtrades , & qui ne vécut pas plus long-tems que les deux autres.

Il mourut alors à Paris un homme beaucoup plus illuſtre que tous ceux dont je viens de parler , quoiqu'il ne fût point titré. C'étoit le Comte de Coligni, qui avoit eu l'honneur de commander les six mille hommes que le Roi envoya en Hongrie au secours de l'Empereur. Le Public ne lui avoit pas fait justice sur la Victoire de Raab , & il meritoit au moins d'avoir pour sa part la moitié de la gloire que la Feüillade se donna en entier , à force de parler haut. Il avoit servi en Flandres, sous le Grand Condé ; & lors de la maladie du Roi à Calais, y étant venu pour sçavoir des nouvelles de SA MAJESTÉ , le Cardinal Mazarin lui fit proposer de quitter le service de M. le Prince par le Tellier, dans la pensée de lui faire épouser sa Niece, la belle Hortense, & de le déclarer son Legataire universel. Coligni rejetta fierement sa proposition , & dit que quoiqu'il ne fut pas content de M. le Prince , il ne le quitteroit jamais tant qu'il seroit malheureux.

Il étoit mort quelque-tems avant un Magistrat , que le Roi regretta assez. C'étoit Nicolai premier Président de la Chambre des Comptes ; il tomba du haut de l'escalier de sa maison de campagne , & se tua tout roide. Il étoit homme de merite , grand harangueur & bon joüeur d'Echets. Le Roi donna sa charge à son fils , qui étoit

Avocat General de la même Chambre,
& qui avoit été à la guerre du vivant de
son frere aîné, & lui permit de l'exercer,
quoiqu'il n'eut que vingt-huit ans. Il ne
voulut pas lui donner la Capitainerie
des chasses du païs de Beaumont qu'avoit
son pere, parce que cela avoit causé des
Procès avec le Maréchal de la Motte,
qui en avoit le domaine; il est le septié-
me de sa maison qui a eu cette charge
de pere en fils. Charles VIII. en allant
à la conquête du Royaume de Naples, la
donna à un Monsieur Nicolas, qui se
trouvant en Italie, habilla son nom à
l'Italienne, en changeant son S en I.

Fin du IV. Livre.